Susanne Spieß

SEASONING
Eine ungewöhnliche Reise durch die Jahreszeiten
Impulse für ein erfülltes Leben

Susanne Spieß

SEASONING

EINE UNGEWÖHNLICHE REISE DURCH DIE JAHRESZEITEN
IMPULSE FÜR EIN ERFÜLLTES LEBEN

© Roya Verlag, Leonberg 2003
Alle Rechte vorbehalten
Umschlaggestaltung: Gabriele Landgrafe
Herstellung: Books on Demand GmbH, Norderstedt
ISBN: 3-937124-00-4

Für
Roland
und
Yannick

Inhalt

Vorwort **11**

Gedanken zu den Jahreszeiten 12
Was Ihnen dieses Buch bietet 13

Wie alles begann **15**

Momentane Lebenssituation beschreiben 17
   Impulsfragen 21

Im Zieleraum **23**

Die Geschichte von der Kräuterfrau 27
Ziele positiv formulieren 30
Das eigene Leben aktiv gestalten 31
   Impulsfragen 42

Im Frühlingsraum **45**

Neues beginnen 47
Mit Hagelschauern umgehen können 49
Das eigene Potential entdecken 53
Die Geschichte vom Ausstieg aus dem Hamsterrad 55
Warten können bis die Saat aufgeht 67
   Impulsfragen 74

In der Zwischenzeit **77**

   Impulsfragen 84

Im Sommerraum 85

Sein und sein lassen..........86
Vielfalt um sich herum und in sich selbst entdecken..........91
Die Geschichte vom Gefühlsgarten..........94
Hegen und pflegen, bis die Saat reif ist..........103
Reinigende Gewitter zulassen..........107
   Impulsfragen..........111

In der Zwischenzeit..........115
   Impulsfragen..........126

Im Herbstraum..........127

Ernten..........128
Danken und sich All-Eins-Fühlen..........130
Wandlungsfähigkeit leben..........135
Sich im Loslassen üben..........140
Die Herbstlaubgeschichte..........142
   Impulsfragen..........158

In der Zwischenzeit..........161
   Impulsfragen..........165

Im Winterraum..........167

Sich selbst mit Klarheit betrachten..........168
Einzigartigkeit entdecken..........170
Sich mit Vergänglichkeit und Tod beschäftigen..........173
Die innere Stille entdecken, auftanken und sich
in sich selbst zurückziehen..........177
Die Geschichte vom richtigen Maß..........182
   Impulsfragen..........194

Im Lebensjahreszeitenraum **197**

Die Qualitäten der Lebensjahreszeiten erspüren 199
Den Reigen der Jahreszeiten erfahren 201
Den Ablauf der Jahreszeiten bei Projekten
erkennen und achten..205
Die Geschichte vom weisen Umgang mit Abstand
und Geschwindigkeit..208
   Impulsfragen..213

Im Feedbackraum **215**
   Impulsfragen..219

Wie es weitergeht..**221**

Neue Wege wahrnehmen...223
Erkennen welches Potential jetzt gelebt werden will............224
   Impulsfragen..227

Danke **229**

Jahreszeitenseminare und mehr **231**

Vorwort

Vorwort

Gedanken zu den Jahreszeiten

Stellen Sie sich vor, es gäbe keine verschiedenen Jahreszeiten!

Für viele ist dies ein Traum. Vielleicht haben auch Sie schon Bekannte oder Freunde sagen hören: „Für mich bräuchte es keinen Winter oder Herbst zu geben." Viele Menschen flüchten in der kalten Jahreszeit in den Süden, die wenigen, die es sich leisten können, in ihr Zweitdomizil zum Überwintern, die minder Begüterten in einen zweiwöchigen Urlaub in die Sonne.

Doch was wäre, wenn wir keine Jahreszeiten hätten?

Welche Schätze und Reichtümer gäben wir dadurch auf?

- Jahreszeiten strukturieren unser Leben.
- Sie vermitteln uns ein Gefühl für die Rhythmen des Lebens.
- Durch sie werden wir des Wandels und des Vergehens der Zeit gewahr, entweder indem wir die Jahreszeiten bewusst erleben oder indem wir überrascht feststellen, dass eine Jahreszeit plötzlich vorbei und eine neue begonnen hat, ohne dass wir es bemerkten.

Letzteres ist für manche Menschen ein einschneidendes Erlebnis.

Mir erging es so vor circa zwölf Jahren. Ich ging spazieren und bemerkte plötzlich, dass die Blätter der Bäume größtenteils bereits abgefallen waren! Wo war der Sommer hin? Hätte ich ihn doch nur mehr genossen!

Kennen Sie das?

Vorwort

Dieses Erlebnis empfand ich als so einschneidend und bedeutsam, dass ich seitdem die Jahreszeiten bewusst lebe und genieße.

Dabei stellte und stelle ich immer wieder fest, dass ich mich davon und dadurch sehr inspiriert für meine Arbeit und mein Privatleben fühle.

Was Ihnen dieses Buch bietet

Ich lade Sie ein zu einer Reise. Zu einem Aktivurlaub, wenn Sie so wollen, bei dem es Interessantes zu besichtigen, Denkwürdiges zu hören sowie Spannendes und Aufschlussreiches zu tun gibt. Zu einer Reise bei der Sie auch Zeit genug haben, ab und zu nur ‚zu sein'.

Sie erfahren dabei, wie man von den Jahreszeiten für sein privates und berufliches Leben lernen und diese Impulse im Alltag umsetzen kann.

Die jahreszeitlichen Anregungen können Sie nutzen, um

- ➢ persönliche Fragestellungen zu klären,
- ➢ mehr über sich selbst zu erfahren,
- ➢ im Einklang mit den Jahreszeiten zu leben und diese noch mehr zu genießen,
- ➢ ein erfülltes Leben zu leben.

Ihnen wünsche ich nun viel Freude, Erfüllung und Inspiration beim Lesen dieses Buches und: eine gute Reise!

Ihre Susanne Spieß
Januar 2003

Wie alles begann

Wie alles begann

Fröhlich stieß er mit seinem rechten Fuß ein Steinchen, das vor ihm lag, so an, dass es weit vorausrollte. Dann lief er mit weit ausholenden Schritten, die Hände in den Hosentaschen, die Straße hinunter und pfiff vor sich hin. Das musste er Nicole erzählen!

„Wie hatte eigentlich alles angefangen?", fragte er sich.

Er hatte im Seasoning-Center sein Ticket vorgezeigt und dann die ihm ausgehändigte Besucherinformation gelesen: „Wir weisen Sie darauf hin ... ."

Aber nein, es hatte schon vorher angefangen, an einem Morgen vor etwa drei Monaten ...

Wie alles begann

Michael erwachte und war schlecht gelaunt. Er hatte von Nicole geträumt.

Momentane Lebenssituation beschreiben

Als sein Arbeitgeber ihm angeboten hatte, für ein halbes Jahr als Ingenieur in Asien zu arbeiten, hatte er bereitwillig zugegriffen. Dies war eine willkommene Chance, Abstand zu seinem bisherigen Leben zu gewinnen, in dem die Beziehung mit Nicole mehr oder weniger in einer Sackgasse steckte und das auch sonst irgendwie den Schwung verloren hatte. Sein Beruf war zwar interessant, er hatte nette Freunde und genug Geld, um sich dies und das leisten zu können, doch oft fühlte er sich wie siebzig oder zumindest so, wie er dachte, dass sich Siebzigjährige fühlen müssten, und dabei war er erst dreiunddreißig.

Seit drei Monaten war er nun schon hier in Autun und sein Leben war jetzt, durch die vielen ungewohnten Eindrücke, insgesamt um einiges abwechslungsreicher, schöner und lebendiger.

Abgesehen von seinen Fluchtgedanken hatte sein Entschluss, das Angebot in Autun anzunehmen, auch noch einen anderen Hintergrund: Schon immer hatte es ihn nach Asien gezogen und er nutzte die Gelegenheit, diese andere Kultur nun wirklich gut kennen zu lernen.

Er genoss mit allen Sinnen die Farben, die Muster, den würzigen Duft, die Wärme, die hohe Luftfeuchtigkeit, die vielfältigen Tanz- und Theateraufführungen mit den bunten, reich bestickten Kostümen, den sowohl bizarren, als auch anmutigen Tanzfiguren und der fremdartigen Tandarin-Musik, die mit Flöten, auf einer Art Xylophon sowie einem ‚Hackbrett'-ähnlichen Instrument gespielt wurde.

Wie alles begann

Ebenso liebte er die schmackhaften, hauptsächlich aus Reis und Gemüse bestehenden Gerichte, das exotische Obst, das man hier überall gereicht bekam, den Blütenreichtum und natürlich auch seine Arbeit, die nun den zusätzlichen Reiz des Neuen durch das Arbeiten mit den Menschen dieser Region hatte.

Außerdem bewunderte er die Heiterkeit der Menschen, die ihn mit ihrem freundlichen Lächeln immer wieder erfreuten. Langsam und kaum merklich nahm auch sein Mund immer häufiger eine lächelnde Stellung ein und auch in ihm begann es immer öfter zu lächeln.

Michael ließ sich aus dem Bett gleiten, stand auf, nahm eine Dusche, zog sich an, machte Frühstück, holte die Zeitung herein und frühstückte dann zeitungslesend.

Auf der dritten Seite fand er einen Artikel über das vor kurzem eröffnete Seasoning-Center. Ein Kollege hatte ihm vor einigen Tagen aufrichtig begeistert von seinem Besuch dort erzählt. Daher las er den Artikel mit großem Interesse:

Der neue Trend: Seasoning
Impulse durch die Jahreszeiten
Ein Interview mit Ma Tu, einem der Ausstellungserfinder

Schon jetzt ist das vor kurzem hier in Autun eröffnete Seasoning-Center, in dem die mitteleuropäischen Jahreszeiten erlebt werden können, ein voller Erfolg. ‚Seasoning', das bewusste und inspirierende Entdecken der Jahreszeiten, wird zum Trend, der Tausende von Menschen anzieht. Lesen Sie hier, wie die Idee entstanden ist und wie diese Ausstellung einen neuen Trend begründen konnte.

Redaktion: Herr Ma Tu, wie wurde die Idee zum Seasoning-Center geboren?

Ma Tu: Wir wollten mit dem Seasoning-Center dazu beitragen, dass Menschen verschiedener Länder und Regionen ein besseres Verständnis füreinander entwickeln. Wir ließen uns dabei von

Wie alles begann

dem Zitat: „Urteile über einen anderen Menschen erst dann, wenn du tausend Meilen in seinen Mokassins gegangen bist", leiten.

Auf eine wörtliche Umsetzung, nämlich ganze Völkerwanderungen zu inszenieren, die jeweils nach tausend Meilen auf offener Landstraße die Schuhe tauschen würden, wollten wir verzichten. Doch wir entschieden die dahinterliegende Idee anzugehen. Nämlich, dass das ‚Schuhmaterial' entscheidet, wie Menschen denken, reden, fühlen und handeln.

Woraus besteht nun dieses Schuhmaterial? Aus dem, was uns so intensiv umgibt, dass wir es als die größte Selbstverständlichkeit hinnehmen: Die, je nach Region unterschiedlichen Jahreszeiten, die gänzlich verschiedene Lebensvoraussetzungen mit sich bringen. Sei es der kontinuierliche Reigen aus Frühling, Sommer, Herbst und Winter oder die stetige Abwechslung von Regen- und Trockenzeit.

Wir beschlossen mit diesem Projekt hier in Autun zu starten. Seasoning-Center mit den Jahreszeiten weiterer Regionen werden in anderen Gegenden folgen.

Redaktion: Wie kam es zu dem ungewöhnlichen Namen ‚Seasoning'?

Ma Tu: Ganz einfach: ‚Würze' heißt im Englischen interessanterweise ‚Seasoning' was eine erstaunliche Ähnlichkeit zu ‚Season' gleich ‚Jahreszeit' aufweist. Was liegt näher als die Jahreszeiten als die Würze des Lebens zu verstehen und zu achten?

Redaktion: Herr Ma Tu, in einigen Geschäften gibt es bereits ‚Seasoning-Accessoires' zu erstehen, wie beispielsweise in einem Glas Wasser schnell erblühende Hyazinthenzwiebeln, an denen ein Kärtchen mit der Aufschrift ‚Welche neuen Triebe wollen Sie nun in Ihrem Leben wachsen lassen?' befestigt ist. Seit neuestem gibt es auch schon an mehreren Orten der Welt ‚Kurztrips zum Seasoning-Center in Autun' zu buchen.

Wie erklären Sie es sich, dass diese Ausstellung zu einem solchen Trend wurde und das schon nach so kurzer Zeit?

Ma Tu: Zum einen liegt das an der Konzeption des Seasoning-Centers, zum anderen an der Wirkung, die ein Ausstellungsbesuch für den einzelnen Besucher hat.

Zunächst zur Konzeption der Ausstellung: Dank modernster, fortschrittlichster Technologien erlebt jeder Gast in jedem Jahreszeitenraum individuelle, speziell auf ihn zugeschnittene Impulse.
Die einzelnen Jahreszeiten Frühling, Sommer, Herbst und Winter sind so realistisch dargestellt, dass man den Eindruck gewinnt, in einer ‚wirklichen' Landschaft zu sein.

Nun zu den Effekten: Ein Ausstellungsbesuch hat, wie wir den

Wie alles begann

bisherigen Rückmeldungen entnehmen können, drei wesentliche Wirkungen:

Erstens schafft er auf einer tiefen Ebene Verständnis für die Bewohner anderer Regionen.
Zweitens schätzen im Land anwesende Europäer die Ausstellung, indem sie hier Kostbarkeiten in den ihnen seit langem vertrauten Jahreszeiten entdecken.
Drittens erlebt jeder Besucher im Seasoning-Center wahrhaft Erstaunliches, Intensives und Motivierendes, das ihn in seinem persönlichen Leben vorwärts bringt.
Redaktion: Herr Ma Tu, wir danken Ihnen für dieses interessante Gespräch.

Das klang ja interessant. Neugierig geworden, nahm Michael sich vor, ebenfalls die Ausstellung zu besuchen.

Aufgrund des großen Zulaufs gab es dafür allerdings, wie er weiter unten gelesen hatte, Wartezeiten von zwei Monaten. Die Veranstalter empfahlen, die vier Jahreszeitenräume an verschiedenen Tagen zu besuchen, um jeden Raum intensiv auf sich wirken zu lassen und dessen Anregungen nutzbringend verarbeiten zu können.

Alsbald organisierte er sich die entsprechenden Tickets mit jeweils einwöchigem Abstand und freute sich, dann in zwei Monaten, gerade noch rechtzeitig bevor es für ihn galt nach Europa zurückzukehren, diese, schon jetzt berühmte, Ausstellung zu besuchen.

Zwei Monate vergingen mit
Arbeiten,
Essen,
Verabredungen,
Gesprächen,
Nachdenken.
Dann war es so weit: Sein erster Besuch im ‚Seasoning-Center' stand bevor.

Wie alles begann

Impulsfragen

Wie ist gerade Ihre eigene Lebenssituation?

Was versprechen Sie sich von einem Besuch im Seasoning-Center?

Vielleicht bevorzugen Sie es diese Fragen zu kopieren, um sie immer wieder neu verwenden zu können.
Gerne maile ich Ihnen alle Impulsfragen auch zu.
Sie können diese unter *info@susannespiess.de* abrufen.

Im Zieleraum

Im Zieleraum

Michael wurde beim Eintritt in den ‚Zieleraum' sogleich ein Kopfhörer und ein rotes Buch mit den Worten überreicht: „Über diesen Kopfhörer werden Sie durch die Ausstellung geführt. Das ‚Seasoning-Buch' können Sie dazu nutzen eigene Gedanken festzuhalten."

An einer Wandtafel las er:

Wichtige Besucherinformation

Wir weisen Sie darauf hin, dass Sie an dieser außerordentlichen Ausstellung selbstverantwortlich teilnehmen.

Sie haben die Gelegenheit besonders inspirierende und denkwürdige Erfahrungen zu machen.

Um Ihnen einen möglichst großen Nutzen zu bieten, beginnt Ihr ‚Ausstellungsrundgang' mit dem Zieleraum. Hier haben Sie die Möglichkeit Ihre Lebensziele zu ermitteln. Durch deren Eingabe wird es Ihnen ermöglicht, speziell auf Sie zugeschnittene Erfahrungen zu machen.

Ihre Ziele werden für die Dauer Ihrer Besuche anonymisiert im Computer gespeichert. Anschließend können Sie diese Daten auf leichte Weise entweder selbst wieder löschen oder sie im Computer für weitere Forschungsstudien belassen.

Der Zieleraum erwartet Sie nun!

Wir wünschen Ihnen einen inspirierenden und lohnenswerten Besuch und danken Ihnen, dass Sie damit zu einem besseren Verständnis zwischen Ländern und Regionen beitragen.

Im Zieleraum

„Gutes Marketing", sagte er sich, „Wollen wir einmal hoffen, dass die Ausstellung auch hält, was sie verspricht."

Auf jeden Fall war er nun neugierig, was ihn wohl in den einzelnen Räumen erwarten würde.

‚Jeder macht seine individuelle Erfahrung', las er noch einmal. Wie das wohl aussah und wie das bewerkstelligt wurde? Welche Technik daran wohl beteiligt war?

Er ging weiter bis er zu einem roten Seidenvorhang kam, auf dem stand:

Ziele sind wie Wegweiser.
Sie zeigen Ihnen
wo es langgeht.
Ohne Ziele
werden Sie nirgends ankommen.

„Stimmt", dachte Michael.

Hinter dem roten Vorhang eröffnete sich ein weiter Raum. Die Decke desselben wirkte wie ein wundervoller, klarer Nachthimmel mit Tausenden und Abertausenden von Sternen.

„Auch Sie sind ein funkelnder Stern in der klaren Sommernacht", ertönte plötzlich eine Stimme, die von weit, weit herzukommen schien aus seinem kleinen Kopfhörer. „Auch Ihr Stern hat eine Absicht und eine Bedeutung, die nur Sie selbst ihm geben können. Bitte nehmen Sie an einem der PCs Platz und folgen Sie Schritt für Schritt dem Programm. Sie haben soviel Zeit für das Durchlaufen desselben, wie Sie benötigen.

Im Zieleraum

Ihren Kopfhörer können Sie nun abnehmen. Sie benötigen ihn erst wieder bei Eintritt in den Frühlingsraum."

Michael entledigte sich des Kopfhörers. Seine Augen, die sich inzwischen an das Sternenlicht oder was immer dies war, gewöhnt hatten, erspähten rund um die Wände des achteckigen Raumes angeordnet, mehrere Reihen von mit PCs ausgestatteten Tischen, an denen durchaus bequem aussehende blaue Stühle mit sternenförmigen Lehnen standen. Viele davon waren bereits besetzt, doch es gab noch mehrere freie Plätze. Er setzte sich neben einen sympathisch aussehenden Asiaten.

„Bitte drücken Sie auf die <*> Taste um das Programm zu starten", stand auf dem Bildschirm.
Michael folgte dieser Aufforderung.

„Wählen Sie nun Ihren Codenamen aus."
„Stern", gab Michael ein.

„Dieser Codename ist bereits belegt."
Michael überlegte eine Weile und tippte dann 'Milchstraße'.

„Ihr Codename lautet <Milchstraße>.
Bitte formulieren Sie nun Ihre Lebensziele:
Geben Sie bitte ein, was Sie für sich selbst

> ultrakurzfristig
    = Ihr momentanes Lebensalter in Tagen,
> kurzfristig
    = Ihr momentanes Lebensalter in Wochen,
> mittelfristig
    = Ihr momentanes Lebensalter in Monaten,
> langfristig
    = Ihr momentanes Lebensalter in Jahren

in Ihrem Leben, privat und beruflich, erfahren oder erreichen wollen.

Im Zieleraum

Falls Ihnen merkwürdig erscheinen sollte, welchen Nutzen es für Sie bedeuten kann, Ihre Ziele zu formulieren, dann klicken Sie bitte auf <Geschichte> und Sie werden verstehen, dass man immer nur soviel bekommen kann, wie man für möglich hält."

Michael klickte, neugierig geworden, auf <Geschichte> und las mit zunehmenden Interesse die Erzählung, die gleich darauf auf dem Bildschirm erschien.

Die Geschichte von der Kräuterfrau

Irgendwann einmal vor langer, langer Zeit, vielleicht gestern, vielleicht übermorgen gab es in einem Dorf, nicht weit von deiner Nachbarstadt, eine weise Frau, von der man sagte, sie habe die Gabe mit ihrem inneren Auge Felder, Wälder und Straßen zu durchstreifen und dabei die seltensten Kräuter aufzufinden. Sie wusste welche Pflanzen zur Linderung welcher Krankheiten einzusetzen waren und konnte so schon vielen Menschen das Leben retten.

Eines Tages brach in einer weit entfernten Stadt eine schon seit langem vergessene seltene und doch tödliche Krankheit aus, an der viele Menschen starben.

Der Bürgermeister dieser Stadt und die Ärzte und Ärztinnen versuchten alles, um ein Heilmittel dagegen zu finden. Die staatliche Gesundheitsbehörde wurde eingeschaltet, doch nichts half: Die von der Krankheit betroffenen Menschen starben unausweichlich.

Da hörte der Bürgermeister durch Zufall oder vielleicht war es auch keiner, durch eine Bekannte, die es wiederum von einem Bekannten zu wissen glaubte, von der weisen Frau. Da alle bisherigen Bemühungen keine aber auch gar

Im Zieleraum

keine Wirkung zeigten, beschloss er, den Rat anzunehmen und die Frau aufzusuchen.

Er ging in das Dorf, in dem die Frau lebte. Dort fand er diese so alt und unscheinbar vor, dass er zweifelte, ob ihm ausgerechnet sie weiterhelfen könne. Hier, wo viele andere Experten schon versagt hatten.

Als er ihr sein Anliegen schilderte, zeigte sich, dass sie ihn schon erwartet hatte.

Sie bat ihn, sich einen Moment zu gedulden, legte ruhig ihre Hände in den Schoß, senkte den Kopf und schloss die Augen. Fast schien es, als wäre sie eingeschlafen. Ihr Atem ging tief und ruhig.

Schließlich hob sie den Kopf, öffnete die Augen und sah den Mann mit einem Blick an, der von weit her zu kommen schien. Sie sagte, „Ich weiß, welche Pflanze die Menschen deiner Stadt heilen wird und kann dir auch sagen, wo du diese finden wirst. Begib dich in das Dorf Usala, fünfzig Kilometer von hier, und am Ortsende, bei der großen Kastanie, gehe zweihundert Schritte nach Osten. Dort wirst du eine Vielzahl gelber, sternförmiger Blüten einer zarten grauen Pflanze finden, die dicht am Boden wächst. Jede dieser Blüten wird einen Menschen heilen. Lege die Blüten über Nacht in das Öl von Kürbiskernen und gib dann am Morgen jeweils eine dieser Blüten einem Kranken zu essen und in drei Tagen wird dieser gesunden."

Der Bürgermeister bedankte sich skeptisch und verabschiedete sich.

Bei sich dachte er, dass es sinnlos sei zu der besagten Stelle zu gehen, denn das Ganze klang ihm doch zu merkwürdig.

Nach einer Weile beschloss er jedoch, sich den Ort sicherheitshalber einmal anzuschauen, obwohl er sich nichts davon versprach.

Im Zieleraum

Als er ihn gefunden hatte, ließ er seinen Blick halbherzig über den Boden schweifen und wie vermutet: Es waren keine derartigen Blüten zu sehen! „Das wäre ja auch ein Wunder, wenn diese Krankheit so leicht zu heilen wäre!"

Kurze Zeit später kam der Bürgermeister einer anderen fernen Stadt, deren Bewohner ebenfalls von dieser seltenen, schon lange ausgerottet gewähnten Krankheit befallen waren, zu der Kräuterfrau. Auch bei ihm starben die Menschen zuhauf. Auch er hatte auf irgendeine Weise von der kundigen Frau erfahren.

Respekt- und hoffnungsvoll schilderte er ihr sein Anliegen und bat um ihre Hilfe. Wie sich herausstellte, hatte sie ihn schon erwartet. Der Bürgermeister sah eine Frau mit wissenden Augen und einer ruhigen Sicherheit vor sich und fühlte, sie würde seiner Stadt helfen können.

Die Frau versenkte sich in Trance und der Bürgermeister wartete voller Hoffnung und Vertrauen ab, was weiter geschehen würde.

Schließlich hob die Kräuterfrau ihren Kopf, sah den Mann an und sagte: „Ich weiß, welche Pflanze die Menschen deiner Stadt heilen wird und kann dir auch sagen, wo du diese finden wirst. Begib dich in das Dorf Usala, fünfzig Kilometer von hier und am Ortsende, bei der großen Kastanie, gehe zweihundert Schritte nach Osten. Dort wirst du eine Vielzahl gelber sternförmiger Blüten einer zarten grauen Pflanze finden, die dicht am Boden wächst. Lege die Blüten über Nacht in das Öl von Kürbiskernen und gib dann am Morgen jeweils eine dieser Blüten einem Kranken zu essen und in drei Tagen wird dieser gesunden."

Überglücklich dankte ihr der Bürgermeister und ging, um zu tun, was die Frau ihm empfohlen hatte. An der bezeichneten Stelle fand er die Pflanzen, handhabte sie, wie die Frau beschrieben hatte und alle Kranken wurden wieder gesund!

Michael konnte die Geschichte gut nachvollziehen. In seiner Beziehung zu Nicole hatte er in den letzten zwei Jahren im Grunde genommen nur noch Langeweile und gegenseitiges sich Anöden erwartet und genau dies bekommen.

„Vielleicht würde es sich lohnen, mir eine neue Erwartung zuzulegen", dachte er bei sich. „Man erhält immer nur soviel, wie man sich vorstellen kann", steht doch hier, oder nicht? Ich kann es ja einmal damit versuchen." Damit klickte er auf <zurück>. Auf dem Bildschirm erschien jetzt:

Ziele positiv formulieren

„Was möchten Sie in Ihrem Leben ultrakurzfristig, das bedeutet Ihr momentanes Lebensalter in Tagen, vorfinden? Beziehungsweise was wollen Sie bis dahin erreicht haben? Bitte denken Sie daran, Ihre Ziele positiv zu formulieren. Schreiben Sie beispielsweise nicht, ‚Meine Beziehung zu meiner Freundin steckt nicht länger in einer Sackgasse', sondern ..."

Hier stutzte Michael verständlicherweise und sah sich um, „konnten die hier Gedanken lesen?" Doch er sah nur den Sternenhimmel und die anderen Ausstellungsbesucher.

„Schreiben Sie beispielsweise nicht, ‚Meine Beziehung zu meiner Freundin steckt nicht länger in einer Sackgasse' ", las er noch einmal, „sondern was Sie stattdessen zukünftig in Ihrem Leben vorfinden möchten. Etwa ‚ich habe eine neue Freundin' oder ‚ich lebe in einer Beziehung, die lebendig und lustvoll ist'."

Im Zieleraum

Das eigene Leben aktiv gestalten

Geben Sie nun Ihre ultrakurzfristigen Ziele ein. Ultrakurzfristig bedeutet, Ihr momentanes Lebensalter in Tagen. Privat und Beruflich:"

Er war dreiunddreißig Jahre alt. Dreiunddreißig Tage waren ein Monat und zwei Tage. Kurz darauf würde er wieder zurück in Europa sein.
Zunächst einmal befasste er sich mit seinen beruflichen Zielen, denn diese erschienen ihm einfacher. Er erinnerte sich an den Hinweis zur positiven Zielformulierung und schrieb unter <beruflich>:

> ➢ Ich führe das Projekt hier in Asien erfolgreich zu Ende.
>
> ➢ Ich bekomme die Option angetragen, im nächsten Jahr ein weiteres Projekt in Autun durchzuführen.

Nun die privaten Ziele. Er beschloss mit dem leichtesten anzufangen:

> ➢ Ich habe weiterhin unterhaltsame Treffen mit den hier gewonnenen Freunden.
>
> ➢ Ich komme gut zuhause in Europa an.
>
> ➢ Ich habe dort ein angenehmes Wiedersehen mit meinen Freunden und meiner Familie.

Dann hielt er inne.
Welches Ziel hatte er in Bezug auf Nicole?

Solange schon steckte die Beziehung zu ihr in einer Sackgasse, dass ihm nun nicht einmal mehr einfiel, was er stattdessen wollte.

Im Zieleraum

Wenn er ehrlich mit sich selbst war, hatte er eine diesbezügliche Entscheidung schon lange vor sich hergeschoben und Nicole wohl auch.

Nach einer Weile gab er ein:

> ➢ Ich treffe eine Entscheidung bezüglich meiner Beziehung zu Nicole. Eine Entscheidung, mit der ich mich wohlfühle und die zu meinem und Nicoles Besten ist.

„Puh, das wäre geschafft!", seufzte er innerlich erleichtert auf und klickte auf <weiter>.

„Herzlichen Glückwunsch zu Ihrer Zielfindung", las er, „geben Sie nun Ihre kurzfristigen Lebensziele, das bedeutet Ihr momentanes Lebensalter in Wochen, ein. Privat und Beruflich:"

„Dreiunddreißig Wochen.

Das waren?

Zweiundfünfzig Wochen hat ein Jahr. Ein drittel Jahr sind etwa siebzehn Wochen oder circa vier Monate.

Somit sind dreiunddreißig Wochen fast acht Monate.

Was will ich bis dahin erreicht haben? Die wollen aber auch Sachen wissen!"

Gut, dass er seinen Codenamen ‚Milchstraße' hatte. Der Name gefiel ihm im übrigen ausnehmend gut, denn er weckte in ihm die Sehnsucht nach Weite und Freiheit.

Unter <Beruflich> schrieb er nach kurzem Nachdenken

Im Zieleraum

- Ich habe die Leitung für ein interessantes neues Projekt übernommen und führe dieses erfolgreich durch.

- Anschließend starte ich ein weiteres reizvolles Projekt.

- Ich fasse wieder gut Fuß in Europa und verfestige die ehemals schon angenehmen Arbeitsbeziehungen zu Kollegen und Chefs.

„So, nun das Private:"
Tja, das hing wiederum stark davon ab, wie seine Entscheidung bezüglich Nicole ausfallen würde.
„Also, so allgemein wie möglich halten", sagte er sich.
Er überlegte eine Weile und tippte dann:

- Ich lebe in einer lebendigen, harmonischen und interessanten Beziehung mit einer Frau, die ich liebe und die mich liebt.

„Das klingt doch gut", dachte er bei sich, als er den Satz noch einmal las. „Das gefällt mir, das will ich, das nehme ich! Und sonst?"

- Ich bewältige den Wechsel von Asien nach Europa gesundheitlich angenehm.

- Ich beginne wieder mit meinem wöchentlichen Schwimmtraining.

Als er auf <weiter> klickte las er.
„Gut gemacht. Geben Sie nun Ihre mittelfristigen Ziele ein. Mittelfristige Ziele heißt, Ihr momentanes Lebensalter in Monaten. Privat und Beruflich:"

Im Zieleraum

Dreiunddreißig Monate, das waren ja ...! Fast drei Jahre! Zweidreiviertel Jahre genaugenommen. Bis dahin würde er sechsunddreißig sein.

So detailliert hatte er sich noch nie überlegt, geschweige denn aufgeschrieben, was er bis wann in seinem Leben erreichen wollte.

Nun ja, wenn er an die Geschichte mit der Kräuterfrau dachte, konnte dies ja nur von Vorteil sein. „Und dazu muss man für ein halbes Jahr nach Asien gehen", lachte er bei sich.

Nun gut, was wollte er bis zu seinem sechsunddreißigsten Lebensjahr erreicht haben?

Privat?

Heiraten, Kinder, Haus, das Übliche?

Irgendwie hatte er sich das schon gedacht, doch wollte er dies wirklich?

Dieser Zieleraum mit seiner Sternendecke und seinem Sternenlicht hatte es wirklich in sich. Oder brauchte nur er so lange für das Beantworten dieser auf den ersten Blick so simpel erscheinenden Fragen?

Aus den Augenwinkeln heraus blickte er vorsichtig nach links und rechts und stellte dabei erleichtert fest, dass er einige Leute als die wieder erkannte, die bereits im Raum waren, als er eingetroffen war.

Sein sympathisch aussehender Nachbar, der wohl seinen suchenden Blick bemerkt hatte, flüsterte ihm zu „die haben es ganz schön in sich, diese Fragen. Ich dachte, das fülle ich

Im Zieleraum

eben mal aus und nun sitze ich schon fast eine Stunde hier. Geht es Ihnen auch so?"

„Ja", flüsterte Michael zurück. "Ich schlage mich gerade mit meinen mittelfristigen Zielen herum.

Man könnte meinen, wir Menschen würden uns glücklich schätzen, dass wir wählen können, wie wir unser Leben gestalten wollen. Und jetzt, da sozusagen die Märchenfee in Form eines PCs nach unseren drei Wünschen fragt, fühle ich mich erst einmal überfordert."

Sein Nachbar lächelte und nickte ihm dann aufmunternd zu. „Also denn, machen wir weiter."

Was wollte er denn nun bis in zweidreiviertel Jahren alles erlebt und erreicht haben?

„Weiß nicht", schrieb er spontan.

„Ohne Ziele werden Sie nirgends ankommen", erschien auf dem Bildschirm."

„Ja, ja, Ihr habt ja recht," dachte er bei sich. Nach kurzem Überlegen gab er unter <Privat> ein:

- ➢ Ich nutze die Zeit, um herauszufinden, wie ich mein Leben wirklich leben will.

- ➢ Ich lebe in einer wundervollen Beziehung.

- ➢ Ich wohne an einem schönen Ort in einem gemütlichen Zuhause.

- ➢ Ich bin in einen lebendigen, anregenden Freundeskreis eingebunden.

Im Zieleraum

> Ich bin rundum gesund.

„Das waren jetzt sogar fünf Punkte!", zählte er zufrieden mit sich selbst. „Und Beruflich?"

> Ich wickle meine Projekte auch weiterhin erfolgreich ab.

Tja und sonst?
Wollte er weiter bei seiner jetzigen Firma bleiben oder wechseln oder?
„Gute Frage!"
Wieder entschloss er sich für eine offene Formulierung:

> Ich plane mein weiteres Berufsleben aktiv und zwar so, dass ich dabei kontinuierlich fachlich und persönlich wachse.

Dann klickte er auf <weiter>.

„Geben Sie nun Ihre langfristigen Ziele ein. Das betrifft Ihr momentanes Lebensalter in Jahren. Privat und Beruflich:"

Dreiunddreißig Jahre! Bis dahin war er sechsundsechzig und hoffentlich schon im Ruhestand. Was wollte er bis dahin alles erreicht haben?

„Beruflich?", überlegte er.

> Ich habe ein eigenes Unternehmen aufgebaut.

schrieb er da plötzlich.
Verdutzt blickte er auf die Buchstaben.

Im Zieleraum

Was hatte er da geschrieben? Zwar hatte er sich das bisher noch nie vorgestellt, doch das hatte etwas. Dieses Ziel fühlte sich sehr gut an: so voll und reich und herausfordernd! „Man höre und staune, was einem so alles klar wird, wenn man sich nur die Zeit dafür nimmt", fiel ihm auf. „Wirklich erstaunlich!"

„Und privat?"

> Bei aller beruflichen Erfüllung habe ich viel Zeit für das Privatleben, Familie, Freunde und Hobbies.

schrieb er. Noch wusste er nicht genau, wie er das verwirklichen konnte, doch man würde ja sehen. Er hielt es jedenfalls für möglich. Und das war wie die Geschichte mit der Kräuterfrau zeigte, die beste Voraussetzung dieses Ziel auch tatsächlich zu erreichen.

„Was wäre außerdem damit?", erschien auf dem Bildschirm, „Ich mache, was ich kann und den Rest lasse ich mir schenken?"

„Das klingt gut", befand Michael, der inzwischen damit aufgehört hatte, oder zumindest fast damit aufgehört hatte, sich darüber zu wundern, dass der PC offensichtlich direkt mit ihm zu sprechen schien.

> Ich lebe meine Träume.

schrieb er schnell auf.
„Welche habe ich überhaupt?", fragte er sich danach und änderte den Satz in:

> Ich bin mir klar darüber, welche Träume ich habe und wie ich diese verwirklichen will.

Im Zieleraum

➢ Ich bin rundum gesund.

➢ Ich lebe in einer tollen Beziehung.

➢ Ich wachse persönlich immer weiter und erweitere ständig meinen Horizont.

„So, das war's". Erleichtert und sehr zufrieden mit sich selbst, seufzte er, lächelte dann und klickte auf <weiter>.

„Sie haben nun Ihre Ziele formuliert und gewählt, was Sie in Ihrem Leben verwirklicht sehen wollen. Hier noch einmal alles im Überblick. Falls Sie noch Änderungen vornehmen möchten, können Sie dies nun gerne tun."

Michael überflog noch einmal alles, was er geschrieben hatte und es gefiel ihm ausgezeichnet. Genau das wollte er! „Ein gutes Gefühl macht das, Ziele zu wählen", wurde ihm bewusst. Wieder klickte er auf <weiter>.

„Sie haben nun gewählt und losgelassen.

Immer, wenn Sie sich für ein Ziel entscheiden, es formulieren und dann loslassen, ist dies so, als ob Sie mit einem Magneten über Eisenspäne ziehen würden und diese sich dann, ganz automatisch, in Richtung des Magneten ausrichten. Genauso werden Sie in Ihrem Leben genau das finden, Begegnungen, Zufälle, Ereignisse, die Sie zu Ihrem Ziel hinführen.

Jederzeit, wenn Sie bemerken, Sie möchten andere oder neue Ziele, dann entscheiden Sie sich einfach für neue. Das Leben wird Sie auch bei diesen neuen Zielen unterstützen.

Während unser Computer Ihre Daten auswertet und einen für Sie optimalen Ausstellungsbesuch zusammenstellt, haben Sie dreißig Minuten Zeit. Wir laden Sie ein während-

Im Zieleraum

dessen in unserem ‚Seasoning-Café' zu verweilen und dort eine Erfrischung zu sich zu nehmen.

Danke für Ihren Beitrag zum Gelingen dieser Ausstellung. Weiterhin viel Freude und Inspiration für Sie!

In dreißig Minuten können Sie Ihren Besuch im ‚Frühlingsraum' fortsetzen."

Dann wurde es schwarz auf dem Bildschirm.

Leicht erschöpft, doch schon jetzt sehr befriedigt, stand Michael auf und verspürte wie er Lust auf Milchkaffee mit aufgeschäumter Milch in diesen herrlich großen Tassen bekam, die er mit zuhause verband. Als er gerade losgehen wollte, sah er, wie auch sein freundlicher Nachbar aufstand:

„Gehen Sie auch in das Café?", fragte dieser „Ich bin gerade mit meinen Zielen fertig geworden und wenn Sie mögen, schließe ich mich Ihnen gerne an."

Michael war zwar etwas erstaunt, doch dieser Mann war ihm so sympathisch, dass er gerne zustimmte.

Während sie den Zieleraum verließen, betrachtete Michael noch einmal die wunderschöne Sternendecke. „Milchstraße", dachte er dabei.

Das Seasoning-Café war ein Raum mit beträchtlichen Ausmaßen, der jedoch durch die mit großen, üppigen Pflanzen gestalteten Nischen, wesentlich kleiner und zudem sehr gemütlich wirkte. In Gruppen verteilt, standen dort kleine, runde, schwarze Holztische, ebenso schwarze Stühle mit geschwungenen, eleganten und zugleich bequem aussehenden Armlehnen sowie einer mit rotem Samt bezogenen Sitzfläche. Auch das ein oder andere rote Sofa entdeckten sie.

Im Zieleraum

Michael und sein Begleiter nahmen an einem der noch freien Tische in dem gut besuchten Raum Platz. Als die Bedienung kam, bestellten Sie einstimmig ‚Café au lait' und mussten darüber gleichzeitig lachen.

Kurze Zeit später saßen Sie einträchtig über ihren Cafés au lait und löffelten genießerisch den mit Zucker bestreuten lockeren, cremigen Milchschaum ab.

Dann nannten sie ihre Namen. Sein Begleiter stellte sich als Ma Tu vor.

„Ach, sind Sie *der* Ma Tu?", fragte Michael interessiert.

"Ja, *der* Ma Tu", lächelte dieser.

„Sie haben die Ausstellung mit erfunden! Das ist ja faszinierend! Ich habe in einem Artikel gelesen, wie die Idee dazu entstanden ist. Erzählen Sie doch mehr davon." Michael schmunzelte innerlich, da saß er doch tatsächlich mit *dem* Ma Tu an einem Tisch!

Ma Tu tat ihm den Gefallen und berichtete. Michael fragte hin und wieder nach und so unterhielten sie sich angeregt.

„Sind Sie neugierig, was Sie hier erwarten wird?", fragte Ma Tu.

„Doch ich bin sehr gespannt", sagte Michael, „ich merke schon jetzt, wie wichtig es für mich war, diese Ziele zu formulieren. Wissen Sie, für mich heißt es in einem Monat, Abschied zu nehmen und wieder nach Europa zurückzukehren. Ich tue dies mit einem lachenden und einem weinenden Auge, wie man bei uns zu sagen pflegt. Nach sechsmonatiger Abwesenheit gilt es dann für mich, zuhause

Im Zieleraum

wieder Fuß zu fassen, vieles zu überdenken und neu zu ordnen, so dass ich diese Ausstellung wohl jetzt gerade zum richtigen Zeitpunkt besuche."

„Alles geschieht zur rechten Zeit, davon bin auch ich persönlich überzeugt", sagte Ma Tu, „Als ich Sie vorhin zum Beispiel im Sternenraum erblickte, kam mir eine wundervolle Idee in den Sinn. Doch jetzt ist noch nicht der richtige Zeitpunkt, darüber zu sprechen. Wir werden sicher ein andermal Gelegenheit dazu haben."

Michael kam dies zwar merkwürdig vor, doch da Ma Tu offensichtlich nicht weiter darauf eingehen wollte, beließ auch er es dabei. Dann redeten sie noch eine Weile angeregt über dieses und jenes.

Ma Tu verabschiedete sich nach einiger Zeit und Michael nutzte die verbleibende Zeit um sich einige Notizen in seinem Seasoning-Buch zu machen. Er schrieb:

... Seasoning-Center

Impulse aus dem Zieleraum:

> - Ich kann nur soviel bekommen, wie ich mir vorstellen kann. Die Geschichte von der Kräuterfrau. ...
> - Es ist nützlich mir Ziele zu setzen, um mein Leben aktiv zu gestalten.
> - Diese Ziele formuliere ich positiv.
> - Ich erreiche meine Ziele, indem ich loslasse.

Als die halbe Stunde vorüber war ging er den ausgeschilderten Weg entlang zum Frühlingsraum.

Impulsfragen

Die Geschichte von der Kräuterfrau

Was bedeutet Ihnen die Geschichte?

Wie wollen Sie diese Erkenntnisse in Ihrem Alltag leben?

Lebensziele setzen und damit das eigene Leben aktiv gestalten

Bitte formulieren Sie nun Ihre Lebensziele: Geben Sie bitte ein, was Sie für sich selbst

> ➢ ultrakurzfristig
> = Ihr momentanes Lebensalter in Tagen,
> ➢ kurzfristig
> = Ihr momentanes Lebensalter in Wochen,
> ➢ mittelfristig
> = Ihr momentanes Lebensalter in Monaten,
> ➢ langfristig
> = Ihr momentanes Lebensalter in Jahren

in Ihrem Leben, privat und beruflich, erfahren oder erreichen wollen.

Im Zieleraum

Ultrakurzfristig = Ihr momentanes Lebensalter in Tagen
privat:

beruflich:

kurzfristig = Ihr momentanes Lebensalter in Wochen
privat:

beruflich:

mittelfristig = Ihr momentanes Lebensalter in Monaten
privat:

beruflich:

Im Zieleraum

langfristig = Ihr momentanes Lebensalter in Jahren.
privat:

beruflich:

Wie fühlen Sie sich nun, nachdem Sie Ihre Ziele formuliert haben?

Im Frühlingsraum

Im Frühlingsraum

Als Michael durch die Tür mit der Aufschrift ‚Frühlingsraum' trat, hatte er sofort den Eindruck mitten im europäischen Frühling gelandet zu sein.

„Wie die das nur hinbekommen hatten?"

Der Himmel, doch, es schien wirklicher Himmel zu sein, war blau, die Luft angenehm lau, die Sonne schien. Eine große Anzahl und Vielzahl von Bäumen, die von einem zarten grünen Schleier von sich eben öffnenden Blättchen und Trieben zart umgeben waren, wuchsen in einer sanfthügeligen Landschaft. Ein kleiner Bach, an dessen Ufern Krokusse, in weiß, lila und gelb üppig blühten, verströmte Harmonie und Bewegung. Vögel sangen, die Blumen duftenden, der Bach murmelte und unter einem Baum lud eine Bank zum Verweilen ein.

Michael nahm diese Einladung gerne an, setzte sich und genoss den Blick über die bezaubernde Frühlingslandschaft.

Hier und da waren Menschen zu sehen, einzeln oder in kleinen Grüppchen. Insgesamt lag eine ruhige Stimmung über dem Ganzen. Das gelegentliche Vogelgezwitscher unterstrich die frühlingshafte Atmosphäre aufs Angenehmste.

„Der Reigen beginnt", hörte er die Stimme aus seinem kleinen Kopfhörer, den er inzwischen wieder aufgesetzt hatte. „Der Frühling ist da und das Leben erwacht. Überall beginnt es zu knospen und zu sprießen."

Als Michael sich umsah, konnte er dieser Aussage nur zustimmen. „Großartig und anmutig ist dieser Neuanfang", ging es ihm durch den Kopf.

Im Frühlingsraum

Neues beginnen

Die Kopfhörerstimme fuhr fort, als ob sie Michael Zeit für seine Überlegungen gelassen und seine Gedanken gehört hätte: „Welchen Neuanfang wollen Sie nun wagen? Was möchten Sie Neues in Ihrem Leben beginnen?

Denken Sie dabei an Ihr Arbeits- und Ihr privates Leben. Lassen Sie sich dies leicht und einfach, wie selbstverständlich, einfallen, während Sie hier auf dieser Bank verweilen und den Krokussen beim Blühen zusehen. Wenn Sie möchten, schreiben Sie sich Ihre Gedanken in Ihr persönliches rotes Seasoning-Buch."

„Gute Idee." Nur, wo hatte er es hingetan? Michael klopfte seine Taschen ab und fand es in der Innentasche seiner winddichten Jacke, die ihm ebenfalls beim Eingang übergeben worden war, um den Frühlingstemperaturen entsprechend, angemessen warm, gekleidet zu sein.

Was sollte er neu beginnen in seinem Leben? fragte er sich. Na ja, erst einmal war ja momentan eher die Zeit, etwas zu Ende zu bringen, nämlich sein mit diesem Asienaufenthalt verbundenes Projekt. Was sollte er also beginnen?

„Was Sie beginnen *sollen*, weiß ich nicht, oder vielmehr ich könnte Ihnen dazu vieles sagen oder vorschreiben. Was zählt, ist einzig und allein das, was Sie selbst *wollen*, was Sie selbst entscheiden", ließ sich die Stimme in seinem Ohr vernehmen.

Wenn er es recht bedachte, hatte er sich in seinem bisherigen Leben oft von einem Sollen leiten lassen. Überhaupt, war ihm bisher der Unterschied zwischen Wollen und Sollen kaum bewusst gewesen.

Im Frühlingsraum

Er formulierte also neu: „Was will ich beginnen?" Nach einer Weile schrieb er in sein Seasoning-Buch:

... Ich beginne ab sofort folgendes:

> ➢ Ich entwickle jetzt die Fähigkeit, mich zu verabschieden.

In seinem bisherigen Leben pflegte er Hals über Kopf aus dem Leben seiner Freunde und Bekannten zu verschwinden, weil ihm Abschiedsszenen ein Gräuel waren. „Weshalb eigentlich", fragte er sich.

Vielleicht lag dies daran, dass er sich davor ängstigte das damit verbundene schmerzliche Gefühl sowie die Trauer zuzulassen.

Das wollte er dieses Mal offener hinbekommen.

„Und sonst?"

> ➢ Einen Neuanfang mit Nicole starten. ...

schrieb er.

Jetzt war es heraus, wie ein wackeliger Zahn, an dem man ewig schmerzend herumgemacht hatte. Wie er sofort spürte, war diese Entscheidung überaus stimmig für ihn. Sehr gerne wollte er Nicole und sich noch einmal eine Chance geben.

Heute Abend am Telefon wollte er ihr dies sagen. Mal sehen, wie sie reagierte.

Er spürte, wie ihm, schon alleine bei diesem Gedanken, mulmig wurde. War es vielleicht doch besser, dies erst zurück in Europa auszusprechen?

Im Frühlingsraum

Mit Hagelschauern umgehen können

Urplötzlich bemerkte er, wie der Himmel sich verfinsterte. Dunkle Wolken zogen am eben noch strahlend blauen Himmel auf. Schon begann es zu regnen.

Michael lief mit großen Sprüngen zu einem Unterstand, bei dem bereits mehrere Menschen Schutz vor dem jäh einsetzenden Regen gesucht hatten.

Stärker und stärker wurde der Regen, wurde zu Schnee und schließlich zu Hagel, der laut und hart prasselnd auf die Erde fiel. Der Wind peitschte, hin und wieder laut aufheulend, die Bäume.

Wieder hörte Michael die Stimme in seinem Ohrstöpsel:

„Wenn wir Neues beginnen, bekommen wir häufig Angst vor den Reaktionen der anderen. Werden diese uns unterstützen oder werden diese uns ablehnen? Werden sie uns vielleicht gar auslachen oder erbittert bekämpfen? Oder einfach ‚nur' nicht beachten?

Und wie werden wir es überstehen, wenn es tatsächlich so kommen würde?

Diese Gedanken sind typisch bei Neuanfängen und vielleicht auch bei Ihnen lieber Besucher namens ‚Milchstraße'."

Die Veranstalter schienen dieses Programm tatsächlich individuell zugeschnitten zu haben, da sie sogar seinen Namen kannten.

„Doch sehen Sie sich die Natur an, lernen Sie daraus. Alles wahrhaft wichtige, das es zu wissen gilt, finden Sie in der Natur. Jetzt und immer. Sie brauchen nur hinzuschauen, hinzuhören, hinzufühlen. Zum Beispiel jetzt."

Im Frühlingsraum

Was er wohl nun sehen oder hören sollte, nein *konnte*?, verbesserte er sich sogleich.

Zunächst einmal hagelte es ziemlich laut und heftig. Zugleich wurde es immer kälter und ungemütlicher. Wahrscheinlich würden nach diesem Wolkenbruch all die hübschen Blumen vernichtet und zerstört sein, erkannte Michael bedauernd.

Unversehens hörte der Hagel genauso urplötzlich auf, wie er begonnen hatte.

Hier und da blitzte bereits wieder die Sonne durch die Wolken.

Schnell wurde es wärmer.

Wie auch viele der anderen Besucher, ging er hin, um ängstlich und mit schlimmen Vorahnungen erfüllt nach den frischerblühten Blumen und frischen Blättchen zu sehen.

Dabei stellte er zu seiner Überraschung fest, dass die meisten zwischen den Hagelkörnern, frisch und munter aussahen, vielleicht gelegentlich noch ein bisschen zerknautscht, was sie im übrigen nur noch liebenswürdiger machte, doch insgesamt sehr lebendig. „Na, so etwas!" Auch die Vögel sangen schon wieder munter wie eh und je.

„Was will ich daraus für mich ableiten?", fragte sich Michael.

Eben noch hatte er sich Sorgen darüber gemacht, wie Nicole wohl reagieren würde, wenn er ihr sagte, er wünsche sich einen Neubeginn ihrer Beziehung. Danach fing es an zu hageln. Daraufhin ermunterte ihn die Stimme dazu, aus der Natur zu lernen. Dann hörte der Hagel unversehens auf, die Sonne schien wieder, die Vögel nahmen ihr Singen wieder auf und die allermeisten Blüten und Triebe hatten überlebt.

Im Frühlingsraum

Was also konnte ihm dies sagen? Wie konnte er dies für seine Situation nutzen?

Er überlegte.

Wie Nicole schlimmstenfalls reagieren würde, käme dem Hagel gleich, der damit auf seine Hoffnungen und Gefühle fallen würde, stellte er fest.

Sie könnte ihn auslachen oder erst einmal abwehrend reagieren. Sie könnte ihm eröffnen, dass sie in der Zwischenzeit längst einen anderen Mann kennengelernt hatte oder sonstwie kein Interesse an einer Fortsetzung ihrer Beziehung hätte. Jede dieser Reaktionen wäre für ihn sehr schmerzhaft.

„Wie nun diesen Hagel überstehen?", sann er weiter.

Die Blumen schienen ihm ‚abwarten und vertrauen, der nächste Sonnenschein kommt bestimmt' zuzuflüstern.

Wahrscheinlich war dies sogar das Beste: Falls Nicole abwehrend reagierte, würde er ihr Zeit lassen, erst einmal in Ruhe darüber nachzudenken, denn auch für ihn selbst war seine Entscheidung vorhin ziemlich unvermutet gekommen. Hatte er doch erst kurz vorher als Ziel formuliert bis in einem Monat eine Entscheidung bezüglich Nicole treffen zu wollen!

Falls seine Freundin die Beziehung beenden wollte – nun er würde es überleben – genau wie die Pflanzen.

„Und denken Sie daran, in Ihrem Leben wird immer das geschehen, was für Sie am besten ist", ertönte wieder die Stimme in seinem Ohr.

„Na, wunderbar", dachte sich Michael, „dies zu glauben und darauf zu vertrauen, dafür brauche ich allerdings noch etwas Übung!"

Im Frühlingsraum

Er ergänzte diesen Gedanken in seinem Seasoning-Buch.

Aufgeregt war er trotz allem noch, wenn er an sein Telefonat mit Nicole dachte. „Und das ist ja auch vollkommen o.k. so", sagte er sich.

Das ging wirklich ganz schön zur Sache hier, in dieser Ausstellung. Kein Wunder, dass die Leute so begeistert davon waren.

Wobei einige, wie er gehört hatte, die Ausstellung auch vorzeitig verließen, weil sie gerade dies als eine Zumutung betrachteten.

Und dabei war er erst am Anfang! Was sich wohl noch alles ereignen würde?

Gut, dass er der Empfehlung gefolgt war, sich heute nur den Frühlingsraum ‚anzusehen'. Zu ‚erleben' wäre noch besser ausgedrückt.

Was hatte er inzwischen schon alles über den Frühling und seine Impulse für uns Menschen erfahren?

Frühling war die Zeit des Neubeginns und auch die Zeit, Vertrauen zu entwickeln, auch einmal einen ‚Hagelschauer' zu überstehen. Wenn er es sich recht überlegte, war Vertrauen etwas, das er in vielen Bereichen seines Lebens gut gebrauchen konnte. Jetzt wusste er ja wie dies ging.

Weiter spazierte er durch die Frühlingslandschaft und fand sich bald in einem nach europäischem Vorbild angelegten Park wieder.

Hier gab es einen See mit quakenden Enten und einigen Trauerweiden im Frühlingsgrün, die sein Ufer zum Teil umstanden. Zudem waren da mehrere Rabatten mit Osterglocken, Narzissen, Hyazinthen und Tulpen in gelb, rot, weiß sowie einige Bänke. Auf einer davon saß Ma Tu, der ihn freundlich lächelnd zu sich heranwinkte.

„So sieht man sich wieder", lachte Michael.

„Setzen Sie sich zu mir", lud ihn Ma Tu ein.

Mit einem „Gerne" nahm er Platz.

Das eigene Potential entdecken

„Was meinen Sie, weshalb kommen wir gerade vor diesen Blumenbeeten zu sitzen?", fragte ihn sein Gesprächspartner. „Hier im Seasoning-Center geschieht doch nichts zufällig."

„Mein Knopf im Ohr hat mir jedenfalls noch nichts verraten", erwiderte Michael.

„Meiner auch nicht. Dann warten wir einfach ab."

Beide schauten sinnend über den See, die Tulpen- und Narzissenrabatten.

„Ich glaube, ich weiß es", meinte Michael plötzlich „Es hat sicher etwas mit diesen Tulpen und Narzissen zu tun. Wachsen diese Pflanzen nicht aus Zwiebeln heraus?"

„Ja sicher, das tun sie".

„Diese Zwiebeln können doch das ganze Jahr über in der Erde bleiben? Die Blüten verblühen, werden abgeschnitten und jedes Frühjahr treiben sie dann aus den Zwiebeln neu hervor?"

Im Frühlingsraum

„Genau, sie leben ihr Potential", bemerkte die Stimme in seinem Ohr.

Gleichzeitig mit Ma Tu öffnete er den Mund, um den anderen davon in Kenntnis zu setzen, was er gehört hatte. Offensichtlich war dies bei beiden dasselbe. Sie lachten.

„Was ist Ihr Potential?", fragte die Stimme weiter. „Welches Potential in Ihnen ist jetzt reif, gelebt zu werden? Wenn Sie zur Beantwortung dieser Frage mehr Hintergrundinformationen benötigen, drücken Sie bitte auf die linke Armlehne Ihrer Bank."

Er schaute seinen Banknachbarn fragend an und daraufhin nickte dieser antwortend. So drückte Michael, der selbst neugierig war, auf die Armlehne der Bank. Fast gleichzeitig mit diesem Druck auf die Lehne entrollte sich aus der größten der Trauerweiden eine Leinwand und von irgendwoher, Michael konnte nicht ausmachen von wo, wurde ein Film darauf projiziert.

Zu sehen war ein Feld voller roter Tulpen. Ein Moderator saß darin auf einem weißen Lehnstuhl und informierte.

„Viele Menschen haben vergessen, dass in ihnen ein einzigartiges, sagenhaftes Potential an Fähigkeiten und Möglichkeiten steckt. Sie leben ihr Leben in eingefahrenen Bahnen, vergessen habend, dass sie in jedem Moment ihres Lebens neu entscheiden können, wie sie ihr Leben gestalten wollen, um ihr Potential voll und ganz zu leben. Vielen geht es so wie diesem Menschen in dem nun folgenden Film:

Hier wechselte die Szenerie und zu erblicken war ein modernes Büro, in dem ein junger Mann an einem Schreibtisch saß. Während man diesen seiner Arbeit nachgehen sah, hörte man die Stimme des Moderators berichten:

Im Frühlingsraum

Die Geschichte vom Ausstieg aus dem Hamsterrad

Er hatte große Sprünge hinauf auf die Karriereleiter bewältigt. Vom Marketingassistenten wurde er innerhalb von fünf Jahren zum internationalen Bereichsleiter-Marketing einer großen Firma ernannt. Er hatte es geschafft.

Doch allmählich fing er an, sich nach noch größeren Verantwortungsgebieten umzusehen: Noch mehr Mitarbeiter- und Umsatzverantwortung, noch mehr Einkommen.

Klar, das hatte seinen Preis: Von morgens neun Uhr bis abends neun Uhr war er im Büro aktiv. Gespräche mit Kunden, Meetings mit Kollegen, Beratungsgespräche mit Mitarbeitern und nebenher noch innovativ und kreativ sein. Frühstückspause, Mittagspause: Was? Keine Zeit, heute hat es einfach nicht mehr dazu gereicht.

Schade nur, dass er seinen Sohnemann, jetzt zweieinhalb Jahre alt, nur selten sah. Obwohl morgens die eine Stunde, bevor er ins Büro ging und dann die Wochenenden: Das war doch auch etwas wert. Insofern am Wochenende keine Arbeitstermine angesagt waren, was in letzter Zeit zugegebenermaßen recht häufig der Fall war. Doch das war ja nur vorübergehend, jetzt war gerade eine heiße Phase. „Wichtig ist die Qualität der Zeit, die man mit den Kindern verbringt und nicht die Quantität", hatte er einmal irgendwo gelesen.

Seine Frau war da anderer Meinung. Sie beklagte sich sowohl über die Qualität als auch über die Quantität der Zeit, die er mit ihr verbrachte. Dafür konnte sie aber auch froh sein, sagte er sich, über das geschmackvolle Haus mit dem hübschen großen Garten, die aufwändigen Auslandreisen und die schicken Klamotten, die sie dank seines Arbeitseinsatzes genießen konnte.

Im Frühlingsraum

Also insgesamt alles im grünen Bereich. Alles? Na ja tagsüber schon: Jagen von einem Termin zum nächsten, sich wichtig fühlen, entscheiden, Verantwortung haben, etwas bewirken, sich lebendig fühlen, im Flow sein, das war klasse. Und morgens der Kleine, der ihn anlachte und die Händchen nach ihm ausstreckte. Da konnte er schon dahinschmelzen.

Die Nächte waren anstrengender. Nicht etwa weil das Liebesleben mit seiner Frau Höchstleistungen von ihm gefordert hätte, nein die Nächte über ratterte sein Verstand auf Hochtouren und ließ ihn über die kommenden Meetings, die Konkurrenz und einen problematischen Mitarbeiter, der einfach nur durch Treten zu motivieren war, nachgrübeln und nachdenken und hin- und herwenden und bedenken – und der Schlaf wollte und wollte nicht kommen.

Heute versprach wieder so eine Nacht zu werden, und er wusste, morgen würde er sicher wie gerädert erwachen. Nach zu wenig Schlaf würde der Morgen vermutlich wieder im Streit mit seiner Frau beginnen. Sei es über die Farbe seiner Krawatte oder über ein anderes Thema.

Doch es sollte anders kommen.

Hier kam ein Kameraschwenk und man sah den Manager in seinem Bett liegen, die Decke bis über die Ohren gezogen.

Irgendwann schlief er im Dauergrübeln ein und begann zu träumen ... .

Wieder ein Wechsel der Szenerie:

Er war auf einer Wiese und schlief im Schatten eines großen Baumes, als er das Gefühl hatte gerufen zu werden.

Im Frühlingsraum

Er öffnete die Augen und sah vor sich einen alten Mann, der ihm bekannt vorkam, doch an dessen Namen er sich nicht erinnern konnte.

"Gut, dass du aufwachst", sagte der alte Mann. "Ich kann dir sagen, weshalb du so schlecht einschläfst und so viele andere deiner Leidensgenossen ebenfalls." "Ach das", sagte der Manager, "das kriege ich schon wieder in den Griff, wie ich alles in meinem Leben in den Griff bekommen habe. Ich habe mich schon für einen Kurs im Autogenen Training angemeldet und dann wird das schon."

Der alte Mann lächelte, "So, so, du hast alles im Griff. Ich werde dir zeigen, wer wen und wer was im Griff hat." Dabei bewegte er seine Hand in der Horizontalen vor den Augen des Mannes, so dass diesem davon etwas schwindelig wurde.

Als dieser wieder klarer sehen konnte, entdeckte er vor sich: viele Hamsterräder. Doch in diesen Rädern liefen ratternd nicht etwa Hamster, wie das zu vermuten wäre, sondern jeweils ein Mensch: Manager und Managerinnen in Anzügen, Hausfrauen und Hausmänner, Fabrikarbeiter und Fabrikarbeiterinnen, Ärzte und Ärztinnen in weißen Kitteln und noch viele andere mehr. Sie rannten und rannten und hetzten und hetzten in ihrem Hamsterrad.

"Schau hin", sagte der alte Mann. "Das nennen sie arbeiten!"

"Na und", meinte der andere, "es gibt ja auch noch Freizeit und Urlaub."

Der alte Mann schnippte mit seinen Fingern, und einer nach dem anderen stiegen die Menschen aus ihren Arbeitsrädern und schwupp in ihre Freizeiträder: Termine, Wä-

Im Frühlingsraum

sche, Einkaufen, Treffs mit Freunden, Tennisstunde, Zahnarzt, Gespräch mit Partner oder Partnerin, mit Kind spielen, Streicheleinheiten, Wäsche aufhängen, Zähneputzen, ins Bett fallen.

„Aber, aber der Urlaub", schrie der Manager, der das Ganze schon fast nicht mehr mit ansehen konnte.

Wieder schnippte der alte Mann mit den Fingern: Die Menschen stiegen aus dem Freizeitrad und hüpften schwupp in das Urlaubsrad. Cluburlaub: Sonnen, Essen, Tauchen, Tennis, Essen, Bräunen, Cocktail trinken und so fort oder Erlebnisurlaub: vorgebuchte Hotels, termingerecht einpacken, auspacken, angucken, weggucken ... .

Ihm schwirrte der Kopf. „So läuft unser Leben?", *fragte er. Doch eigentlich war es gar keine Frage, er wusste die Antwort bereits.*

Der alte Mann nickte.

„Und ich dachte, ich hätte alles im Griff", *sagte der Manager.*

Wieder nickte der alte Mann.

„Und was ist die Lösung, was kann ich tun? Ich will leben, wirklich leben!"

„Ganz einfach", *meinte der alte Mann.* „Ihr habt euch in eurem Lebensstil nur an einem Tier aus der Vielfalt der Natur orientiert, dem Hamster, doch es gibt so viele andere Modelle, zwischen denen ihr wählen könnt."

„Wie das?"

Im Frühlingsraum

„Nimm zum Beispiel den Leoparden. Er sitzt den Großteil des Tages auf seinem Baum und döst, schlägt dann und wann mit dem Schwanz, um sich eine Fliege zu vertreiben oder einfach nur so. Wenn er Hunger hat, springt er von seinem Baum, gähnt ausgiebig, läuft schnell wie der Wind und erlegt seine Beute, um dann sein Mahl einzunehmen und anschließend wieder zu dösen.

Oder die Kühe auf der Weide: Sie stehen oder liegen, reißen hier ein paar Blättchen ab und dort ein paar Blümchen, sehen dann wieder ins Gras, muhen ein wenig, springen dann ein bisschen über die Wiese oder reiben mal zärtlich, mal kämpferisch ihre Hörner an den Hörnern der Nachbarskuh.

Oder denke an die Adler: Wie sie genussvoll weite Kreise durch die Lüfte ziehen, mal alleine, mal mit anderen zusammen, ab und an einen lauten Schrei ausstoßen, sich dann und wann auf Beute stürzen und von Zeit zu Zeit in ihren Horst zurückkehren. Schau dich um, es gibt so viele Lebensmodelle, ihr könnt wählen, ihr alle und auch du."

Der Manager wirkte nachdenklich. „Aber", fragte er, „wie soll das gehen?"

„Nun vielleicht nicht von heute auf morgen", erwiderte der alte Mann, „doch vielleicht schon ab übermorgen.."

„Aber, was sagen dann die anderen?", rief er.

„Na was wohl, die werden sich wundern und es dir vielleicht schon nach kurzer Zeit gleichtun." Mit diesen Worten bewegte er wieder seine Hand in der Horizontalen vor den Augen des Managers - und verschwand.
Der Mann wachte auf.

Im Frühlingsraum

Tief bewegt fühlte er sich. Er wusste, er wollte aussteigen aus seinem Hamsterrad. Das würde ihm gut tun sowie seinen Beziehungen zu seiner Frau und zu seinem Sohn. Nicht zuletzt auch seiner Firma, denn im Hamsterrad fehlt es, wie er nun erkannte an Weitblick und Distanz, womit sich auf Dauer die Qualität von Entscheidungen verschlechtert.

Doch welches Modell sollte er wählen? „Wie wäre es mit dem Leoparden?", überlegte er.

„Ab morgen werde ich Leopardenzeiten einführen", nahm er sich vor. Mit diesem Entschluss schlief er ein und schlief so tief und fest und gut, wie schon lange nicht mehr.

Als er morgens kurz vor dem Wecker erwachte, hörte er schon die Stimme seines Sohnes, der „Papa, Papa!", rief. Er ging an sein Bettchen und nahm ihn heraus, ohne wie sonst bereits an die Tagestermine zu denken. Jetzt war Zeit, genüsslich mit seinem Sohn spielend, auf dem Leopardenbaum zu sitzen. Und es schien ihm, sie hatten beide mehr davon, er und auch sein Sohn.

Später am Tag, im Meeting, es ging hoch her, die neuen Marktforschungszahlen wurden diskutiert und die Effektivität der Diskussionsrunde schwand allmählich, schlug er vor: „Lassen Sie uns, ehe wir weiter diskutieren, für zehn Minuten einen Break machen, um neue Perspektiven zu gewinnen. Ich lade Sie ein die Musik zu hören, die ich gleich einlegen werde. Und während Sie die Musik hören, können Sie sich vorstellen, weit weg auf einem Baum oder Berg zu sitzen und unser Problem von oben und ganz weit weg zu betrachten."
Hier und da erntete er Gelächter sowie verlegene Blicke.

Im Frühlingsraum

Doch er blieb dabei und sagte „Lassen Sie es uns einmal probieren."

Und so geschah es auch. Nach zehn Minuten gab es interessante neue Blickwinkel sowie eine Lösung, auf die vorher niemand gekommen wäre.

„Gar nicht so schlecht, sich den Leoparden zum Modell zu nehmen", dachte er bei sich und beschloss, künftig noch weiter zu experimentieren, um endlich wieder zu leben statt gelebt zu werden.

Da schien es ihm, als ob ihm der alte Mann lächelnd zublinzeln würde und so blinzelte er zurück – ganz unauffällig natürlich.

Die Szenerie wechselte wieder zu dem Moderator auf seiner Bank im Tulpenfeld.

„Stellen Sie sich vor, auch Sie würden nun aus dem Hamsterrad aussteigen und Ihr eigenes Leben zu leben beginnen. Wie wäre das?"

„Das wäre einfach sagenhaft", stellte Michael für sich fest. Einen Hauch davon spürte er bereits hier in Autun. Hier war ihm, besonders zu Beginn und auch jetzt noch, vieles so fremd gewesen, so neu, dass er die Zeit viel aufmerksamer und bewusster zubrachte, als er es sonst gewöhnt war.

Der Vergleich mit dem Hamsterrad passte sehr gut zu dem Leben, welches er in Europa geführt hatte, und das er ohne diesen Film vermutlich genauso oder ähnlich bei seiner Rückkehr wieder aufgenommen hätte.

Im Frühlingsraum

Die Kühe auf der Weide hatten es ihm angetan. Die wollte er sich zum Modell nehmen, um sein Leben zukünftig genießerischer, langsamer, achtsamer, bedachtsamer zu verbringen und das, was sich ihm bot, sorgfältiger zu betrachten. Er würde nun öfter einmal etwas ‚wiederkäuen' um die Essenz daraus bewusst wahrzunehmen, bewusst aus den gemachten Erfahrungen zu lernen. Außerdem würde er sich künftig öfter einmal die Zeit nehmen, einfach dazusitzen und nachzusinnen.

„Gratulation zu Ihrer Entscheidung", ertönte die Stimme. „Das sind die besten Voraussetzungen, Ihr Potential zu leben. Denn nur, wenn wir unser Leben aktiv gestalten, können wir alle unsere Begabungen oder zumindest eine Vielzahl davon ausdrücken.

Wenn Sie bereits wissen, worin Ihr Potential besteht, dann drücken Sie bitte wieder die linke Armlehne. Benötigen Sie hingegen weitere Informationen zum Thema ‚Potential' gehen Sie bitte zum Ufer des Sees. Eines der dort befindlichen Mini-Notebooks wird Ihnen dann weiterhelfen."

Michael stand auf und bemerkte sogleich, dass Ma Tu ruhig sitzen blieb und ihm stattdessen zurief:

„Nur zu, wir begegnen uns bestimmt bald wieder."

Am Ufer des Sees fand Michael tatsächlich ultrakleine Notebooks von der Größe einer Handfläche vor.

„Potential", stand auf deren Display. „Zum Fortfahren bitte <Enter> drücken."

Michael nahm sich eines der Geräte und drückte auf <Enter>.

„Kennen Sie Ihr Potential?", las er.

Im Frühlingsraum

Michael klickte auf <nein> und am Bildschirm erschien folgender Text.

„Ihr Potential sind Ihre Talente und Fähigkeiten, die Ihnen in dieses Leben mitgegeben wurden.
Wie sind Sie bisher damit verfahren? Haben Sie sie versteckt oder gezeigt?

Wenn Sie das Gefühl haben, bereits alle Ihre Talente zu leben, klicken Sie bitte auf <ja>, falls nein, klicken Sie bitte auf <weiter>."

Michael klickte auf <weiter>.
Durch etwas, das er mit dem Wort ‚Zauberei' nur notdürftig beschreiben konnte, befand er sich überraschend auf einer Frühlingswiese voller Löwenzahn. So viel Löwenzahn, dass kaum mehr grünes Gras zu sehen war. Unmengen von Bienen summten auf und über den Blüten.

„Begreifen Sie das Potential, das in diesen Blüten und diesen Bienen liegt. Gemeinsam können sie köstlichen Honig erzeugen", hörte er wieder die inzwischen vertraute Stimme in seinem Ohr.
„Ziehen Sie bitte Ihre Arme in Brüsthöhe eng an den Körper, als ob Sie ein Vogel wären, der seine Flügel angelegt hat und schließen Sie dabei die Hände zu Fäusten."

Michael war so fasziniert von dem Ganzen, dass er bereit war, auszuprobieren, was sich ihm nun bot: Er zog seine Arme also eng an seinen Körper und schloss die Hände zu Fäusten.
„Wenn wir unser Potential noch nicht oder kaum leben, ist das vergleichbar mit einem Vogel, der seine Flügel angezogen hat.

Im Frühlingsraum

Leben wir hingegen all unser Potential, alle unsere Talente, sind wir wie ein Vogel, der sich mit ausgebreiteten Schwingen vertrauensvoll in die Lüfte erhebt und dort weite Kreise zieht.

Sie sind eingeladen dies selbst zu erfahren: Breiten Sie mit einem befreienden Schrei Ihre Arme und Hände aus und stellen Sie sich dabei vor, wie Sie alle Ihre Talente, all Ihr Potential leben und in der Welt ausdrücken. Jetzt!"

Michael öffnete daraufhin seine Arme und Hände mit einem befreienden ‚Aaaaaaaah!'. Und dieses ,,Aaaaaaaah!' und dieses Ausstrecken der Hände und Arme war so erleichternd, dass er einfach einige Meter mit ausgebreiteten Armen über die Wiese laufen musste, wie er es sicher seit seiner Kindheit nicht mehr getan hatte.

Dabei hatte er den Eindruck, dass seine Talente sich auf wundersame Weise ausbreiteten und sich in der Welt ausdehnten. Dies fühlte sich großartig an, zwar auch etwas beängstigend, doch wundervoll. Ein Gefühl von Erstaunen, von All-das-bin-ich, So-kann-ich-sein.

Lange währte dieses Gefühl.

Auf einmal erblickte er ihm gegenüber, auf der anderen Seite der Wiese Ma Tu. Auch dieser hatte seine Arme ausgebreitet. Obwohl er auf diese Entfernung Ma Tus Augen nicht genau erkennen konnte, war er sich doch sicher, dass sie sich genau in die Augen blickten. Mit einem Mal erschien es Michael, als ob ein Teil seines Potentials und ein Teil von Ma Tus aufeinander zuflossen und sich zu etwas Neuem vereinten. Wie Biene und Blume gemeinsam in sich das Potential des Honigs bargen, so schienen ihrer beider

Im Frühlingsraum

Fähigkeiten zusammengenommen etwas erstaunlich Neues zu bilden. Was das war, konnte er nicht erraten.

Ma Tu nickte ihm lächelnd zu.

Dieses Nicken bestätigte Michael darin, dass dieser die erstaunliche Erscheinung auch wahrgenommen hatte.

Kurz darauf war dieser Eindruck verschwunden, ebenso Ma Tu und auch die Löwenzahnwiese. Gleichzeitig fand sich Michael am Ufer des Sees wieder und spürte nach, ob das, was er eben erlebte oder zu erleben glaubte, wirklich gewesen oder nur seiner Phantasie entsprungen war. Jegliches Zeitgefühl war ihm verloren gegangen. Hatte diese Vision, wenn es denn eine war, fünf Minuten oder fünf Stunden gedauert?

Er hatte schon von Ausstellungsbesuchern gehört, die berichteten, sie hätten den Eindruck gehabt eine ganze Jahreszeit – und das wären schließlich drei Monate – in einem der Räume zu verbringen, wohingegen andere erzählten, ihnen wäre die dort verbrachte Zeit höchstens wie eine Stunde erschienen.

Michael sah an sich hinab und entdeckte gelben Blütenstaub an seinem Hosenbein. Er war also tatsächlich auf dieser Wiese gewesen. Doch wie war das möglich? Er wusste es nicht und konnte es nicht einmal erahnen. Seine Bewunderung für die Konstrukteure und Umsetzer dieser Ausstellung wurde immer größer.

„Und bewundern Sie sich auch selbst", erklang die Stimme in seinem Ohr. „Ohne Ihr Kommen und Ihre Bereitschaft zum aktiven Dabei-sein wäre all dies nicht möglich gewesen!"

„Stimmt", stellte Michael fest und bewunderte sich, was sich für ihn zwar ungewohnt, aber durchaus angenehm anfühlte.

Bald setzte er sich auf eine der am Ufer stehenden sonnenbeschienenen Bänke und sann über sein ‚Flügelausbreit-Erlebnis' nach: Großartig war das gewesen und hatte ihm Lust auf mehr gemacht.

Welchen Anteil seines Potentials lebte er wohl bisher?

Dabei fiel ihm die Hamsterradgeschichte wieder ein. Seine Flucht nach Asien war sicher einem Wunsch gleichgekommen, aus diesem Hamsterrad auszubrechen. Noch deutlicher als nach dem Film, spürte er jetzt, dass er, zurück in Europa, nicht einfach wieder in dieses alte ‚Lebenskorsett' einsteigen wollte. Ab sofort wollte er sein Leben aktiv gestalten.

„Welchen Anteil meines Potentials habe ich bisher schon gelebt?", stellte er sich seine Frage nochmals.

Einstweilen hatte er durch Studium und Beruf sowohl seine technischen als auch seine intellektuellen Fähigkeiten entwickelt. Beides ließ sich sicher noch weiter ausbauen. Das Potential seines Körpers hatte er zum Beispiel in Schwimmwettkämpfen genutzt, als Projektleiter war er dabei, seine sozialen, kommunikativen sowie beratenden Fähigkeiten auszuloten und zu erweitern. Zu lieben hatte er sich auch geübt, doch er ahnte, dass lieben noch mehr bedeuten, intensiver und tiefer sein konnte.

Was er wohl sonst noch an Potential in sich trug? „Das wüsste ich gerne."

Vielleicht hatte seine Ohrstimme etwas dazu zu sagen?

Im Frühlingsraum

Als von dieser Seite erst einmal kein Hinweis kam, genoss er einstweilen seine Erinnerung an das Erlebnis auf der Löwenzahnwiese und blickte dabei über den ruhig daliegenden, in Frühlingssonnenlicht getauchten See, auf dem quakende Enten gemächlich schwammen.

Eigenartig, dass Ma Tu dort war! Auch wie sich jeweils ein Teil ihres Potentials plötzlich aufeinander zu bewegt hatte, war höchst seltsam!

Er überlegte, wie das möglich war und was das bedeuten konnte.

Dabei erinnerte er sich an Ma Tus Andeutung im Café, er hätte eine Idee im Hinblick auf Michael, die er allerdings erst später enthüllen wolle. Inzwischen war er sehr neugierig geworden.

Versonnen sah er auf die Tulpen- und Narzissenbeete sowie die Trauerweiden in ihrem Frühlingsgrün. Während das Zwitschern der Vögel an sein Ohr drang, spürte er die wärmenden Strahlen der Sonne und atmete genießerisch die frische Luft ein. So saß er und schaute und spürte und hörte und ließ seine Gedanken schweifen.

Warten können bis die Saat aufgeht

„Genau das ist es", hörte er unerwartet wieder die Stimme in seinem Ohr. „Der Frühling lehrt uns zu warten. Wenn der Bauer und der Gärtner im Frühjahr Samenkörner in den Boden legen, wissen sie, nun gilt es sich zu gedulden, bis daraus reiche Frucht oder ein Blumenmeer entsteht. Die Saat keimt nicht schneller, wenn man sie jeden Tag aufs Neue ausgräbt und daraufhin untersucht, ob denn endlich schon etwas getrieben hat.

Im Frühlingsraum

Wie sieht es mit Ihnen aus? Kennen Sie Situationen, in denen Sie ungeduldig ‚die Saat ausgegraben haben' und dabei einfach nichts wachsen und gedeihen wollte?"

Michael überlegte und spontan fiel ihm ein Projekt ein, in dem einfach nichts vorwärtsgehen wollte, obwohl er ständig am Ball gewesen war und seine Mitarbeiter fortlaufend motiviert hatte. Jetzt konnte er sehen, wie vielleicht gerade dieses ‚Drängeln' eine noch größere Zähigkeit und Schwerfälligkeit bewirkt hatte.

„Es ist nützlich, die Fähigkeiten ‚Warten zu können' und ‚Geduld zu haben' zu kultivieren. Um dies zu tun, brauchen Sie Vertrauen. Doch diese Voraussetzung haben Sie vorhin ja bereits ‚gesät'.
Damit die Saat aufgeht und gedeiht benötigen Sie fruchtbaren Boden. Diesem Boden entspricht Offenheit und Bereitschaft das Neue anzunehmen.
Weiterhin sind Sonne, Wind und Regen nötig. Das sind die alltäglichen Ereignisse, die uns ‚geschehen', uns immer weiter wachsen lassen und dazu dienen, unsere Fähigkeiten zu erweitern.
Sie haben die Saat ‚Ihr Potential zu erkennen' in den Boden Ihres offenen Geistes gelegt. Sie haben gewartet bis die Saat aufging, Wind und Wetter haben das ihre getan und nun steht unser speziell für Sie inszeniertes Programm zum Erfahren Ihres persönlichen Potentials für Sie bereit."

„Danke", entfuhr es Michael.

„Gerne", sagte die Stimme höflich. „Nun geht es los. Wir wünschen Ihnen viel Freude dabei."
Kaum war der Nachhall dieser Worte verflogen, erklang glockenhelle Musik und das Wasser des Sees begann sich zu

Im Frühlingsraum

bewegen. Zugleich entstiegen daraus zwei grazile, menschenähnliche, jedoch grau-grüne Wesen in violetten Gewändern, die gemeinsam eine, offensichtlich schwere und sehr schöne Truhe hielten. Sie balancierten diese über den See, stellten sie vor Michael ab, verneigten sich und glitten dann wieder elegant in das Wasser zurück, welches ihr Reich zu sein schien.

Wie sie verschwanden, verklang auch die Musik.

Verdutzt sah Michael ihnen hinterher, dann auf die Truhe, die grün und golden schimmerte und mit zarten Blütenranken verziert war. In diesem Augenblick öffnete sich diese und eine Musik, so zart wie er sie noch nie zu hören vermeinte, ertönte.

Aus der Tiefe der Truhe erhoben sich duftige Schleier in verschiedenen Pastelltönen, von rosa über gelb zu blau, von grün über violett zu rot, die in der Luft vor Michaels Augen hin und her wirbelten, bis ihm schwindelig und zugleich ganz klar zumute war. In dieser Klarheit erschien es ihm, als ob er in den Schleiern eine Frau ausmachen konnte, die in ebensolche Pastelltöne gekleidet und ebenso anmutig anzusehen war. Diese schien zu ihm zu sagen:

"Blicke genauer hin und du wirst feststellen, welches Potential du bereits lebst und welches es für dich noch zu entdecken gilt."

Michael schaute durch die Pastelltöne der Schleier und während er dies tat, verschwand die Frau wieder oder vielleicht war sie auch nie da gewesen.

Sogleich sah er sich selbst als kleinen Jungen beim Fußballspielen, beim Stricken von Socken, beim sich Rangeln mit anderen Jungen, beim Malen, beim Streiten und Lachen, beim Reden und Weinen sowie beim Begeistert sein.

Im Frühlingsraum

Er sah sich lernen, nachdenken und fragen in der Schule.

Sah sich im Gespräch mit Freunden, beim Tanzen und Lieben.

Sah sich bei der Arbeit in seinen Projekten und sah sich selbst als Unternehmer und Gestalter.

Sah sich planen und agieren.

Sah wie er neue Welten für seine Kunden kreierte.

Sah wie er mit vielen Kindern und Jugendlichen zusammen war und mit diesen gemeinsam Neues entstehen ließ.

Sah sich in der Natur an verschiedenen Plätzen dieser Erde.

Sah sich selbst vor einem Klavier sitzen und diesem prächtige Melodien entlocken

Sah Zeitschriften vor sich, die von ihm geschriebene Artikel enthielten.

Sah sich selbst mit mehreren Personen, unter anderem Ma Tu, in einem Raum sitzen.

Sah sich selbst vor vielen Menschen stehen und zu diesen sprechen.

Sah sich in einem Garten vor einem Beet mit, wie er wusste, selbstgezogenen Möhren knien und

sah noch vieles mehr durch die pastellfarbenen Schleier, die seiner Truhe sanft entwirbelten.

Wieder hörte er die Stimme sprechen, „all dieses Potential lebt in Ihnen. Sie selbst können wählen, was davon und zu welcher Zeit Sie es leben möchten. Dieses Potential ist Ihnen anvertraut worden zu Ihrer Freude. Sie haben auf Ihrer Löwenzahnwiese bemerkt, wie herrlich es ist, Ihr volles Potential zu leben und nun wissen Sie, Sie werden dies auch tun."

„Ja, Michael spürte, dass er es dies wollte, konnte und auch tun würde. Noch nie in seinem Leben hatte er sich so

Im Frühlingsraum

lebendig, so voll und ganz, so rund und einzigartig, so verbunden mit allem gefühlt. Diese Truhe mit seinem Potential war ein wundervolles Geschenk, das gewahrte er ganz deutlich.

Ein Film fiel ihm ein, den er vor einigen Jahren gesehen und der ihn sehr beeindruckt hatte: In diesem Film „Und ewig grüßt das Murmeltier" soll ein griesgrämiger, menschen-, und wahrscheinlich auch sich selbst verachtender Reporter in einer amerikanischen Kleinstadt für das Fernsehen über ‚das Orakel des Murmeltiers' berichten. In dieser Stadt ist es üblich, an einem bestimmten Tag im Jahr, auf eine Art und Weise, an die er sich nicht mehr erinnern konnte, ein Murmeltier als Wettervorhersager für das kommende Jahr zu nutzen. Der ganze Tag läuft für den Reporter sehr bescheiden.

Als dieser am nächsten Tag erwacht, stellt er zu seinem Entsetzen fest, dass der gestrige Tag noch einmal begonnen hat: Derselbe Mann begegnet ihm auf der Treppe, er selbst tritt in die selbe Pfütze und so weiter. Dabei ist es besonders schrecklich für ihn, dass dies nur ihm so zu ergehen scheint, alle anderen erleben offensichtlich diesen Morgen als einen neuen Morgen. Der nächste Tag ist für ihn wieder der ‚Murmeltiertag', ebenso der übernächste und überübernächste und so fort.

Entsetzt unternimmt der inzwischen völlig verstörte und zermürbte Mann zahlreiche Selbstmordversuche, die alle damit enden, dass er am nächsten Morgen wieder in seinem Hotelzimmer erwacht und im Radio die aufgedrehte Stimme des Moderators hört, der ihm einen herrlichen ‚Murmeltiertag' wünscht.

Als er begreift, dass dies nun sein Leben darstellt, endlos diesen einen Tag zu erleben, unternimmt er etwas gänzlich Existentialistisches: Er beginnt diesem Leben Sinn zu geben und lebt sein Potential. Der Reporter nimmt Klavierstunden

Im Frühlingsraum

und spielt schließlich in einer Band. Er wird sozial und künstlerisch aktiv. Dabei verändert er sich in seiner ganzen Persönlichkeit auf das angenehmste.

Ja, auch er wollte sein Potential leben und er würde dies auch tun, bekräftigte Michael seinen Entschluss.

Mit einem Male hatte er das Gefühl eine weite Reise durch innere und äußere Welten bewältigt zu haben. Erschöpft, dabei auch tief erfüllt und sehr befriedigt, war er nun.

Dieser Tag hatte sich entschieden gelohnt. Dieser Tag, an dem sich für ihn soviel ereignet hatte wie in einer ganzen Jahreszeit.

So war er dankbar, als die Stimme in seinem Ohr mit den Worten ertönte:

„Ihr Besuch in unserem Frühlingsraum ist nun zu Ende. Nachdem Sie diese wesentlichen Frühlingsimpulse erfahren und erlebt haben, können Sie darauf vertrauen, dass all das, was Sie gesät haben, reiche Frucht und Blüte tragen wird. Folgen Sie dem Weg am See entlang und Sie werden direkt zum Ausgang kommen.

Wir danken Ihnen für Ihre aktive Teilnahme und freuen uns darauf, Ihnen im Sommerraum wieder zu begegnen, dann, wenn für Sie die Zeit dafür reif ist. Auf Wiedersehen."

Michael stand auf und ging mit etwas wackeligen Beinen den Weg am See entlang. Dabei beobachtete er, wie die grau-grünen, zartgliedrigen Wesen wieder erschienen, die Truhe, aus der sein Potential entstiegen war, aufhoben und wieder mit sich in das Wasser nahmen.

Im Frühlingsraum

Als er ihnen „Danke" hinterher rief, hoben sie grüßend einen Arm.

Michael spürte, wie sich sein Potential in ihm höchst angenehm seidig bauschte und wölbte. Müde und glücklich ging er weiter dem Ausgang zu, sich innerlich dankbar vom Frühlingsraum verabschiedend.

Er fand die Tür mit der Aufschrift ‚Ausgang' direkt neben einer der Trauerweiden, öffnete sie und ging hindurch.

Im Frühlingsraum

Impulsfragen

Neues beginnen

Was wollen Sie Neues in Ihrem Leben beginnen?

Wie wird sich dadurch Ihr Leben verwandeln?

Mit Hagelschauern umgehen können

Welche Hagelschauer fürchten Sie?

Wie wollen Sie zukünftig damit umgehen?

Das eigene Potential entdecken

Welche Ihrer Gaben und Talente haben Sie bisher gelebt?

Im Frühlingsraum

Wenn Sie sich nun vorstellen, dass Ihr ganzes Potential einer wundervollen Kiste entströmt, wie würde das aussehen?

Was bewirkt dieses Erkennen für Ihr Leben?

Die Geschichte vom Ausstieg aus dem Hamsterrad

Was bedeutet Ihnen diese Geschichte?

Von welchem Tier wollen Sie lernen und was genau?

Wie wollen Sie die entsprechenden Impulse in Ihrem Alltag leben?

Im Frühlingsraum

Warten lernen bis die Saat aufgeht

In welchen Situationen wollen Sie künftig diese Fähigkeit des Warten-könnens nutzen?

Was wird sich dadurch in Ihrem Leben verändern?

In der Zwischenzeit

In der Zwischenzeit

In der Vorhalle des Seasoning-Centers, deren vier Wände mit je einem jahreszeitlichen Motiv bunt bemalt waren, gab Michael seine ‚Ohrstöpsel' ab.

Während er in die erwartungsvollen Gesichter der neueingetretenen Besucher blickte, dachte er daran, wie er selbst genauso erwartungsvoll hier eingetreten war. Bei einem Blick auf die Uhr stellte er fest, dass tatsächlich erst drei Stunden seitdem vergangen waren.

Als er durch eine der Drehtüren hinaus ging, fand er sich wieder in der asiatischen Feuchte und Hitze. Nach kurzer Zeit war er wie üblich ganz durchgeschwitzt. Er beschloss, gleich nach Hause zu gehen und eine Dusche zu nehmen.

Später lag er auf seinem Bett unter dem nach oben spitz zulaufenden Bambusdach seines Hauses. Genießerisch atmete er den angenehmen Duft des Jasmins ein, der in einer Vase auf einem kleinen Tischchen stand und erfreute sich an dem vertrauten, ihm inzwischen lieb gewordenen Rascheln der im Gebälk hin und her laufenden Geckos. Am liebsten hätte er einige dieser Tiere mit nach Europa genommen, um sie dort frei in seiner Wohnung zu halten, doch leider würde es dort zu kalt für sie sein.

Nach einer Weile schlief er, unterstützt vom Rascheln der Geckos, ein.

Tief und fest schlief er. Viele Bilder wechselten sich in seinen Träumen ab und webten ein Muster des Vertrauens und der Geborgenheit um ihn.

Nach einigen Stunden erwachte er wieder. Es war bereits dunkel. Kein Wunder in diesem Land in Äquatornähe, in dem es immer früh dunkel wurde und Tag- und Nachtzeit in etwa gleich viele Stunden einnahmen. Ausgeruht und noch etwas benommen vom Schlaf wie er war, nahm er, noch im Bett liegend, sein Seasoning-Buch zur Hand. Er

In der Zwischenzeit

notierte sich einige Stichpunkte zu seinen Erlebnissen im Frühlingsraum, um sie noch besser im Gedächtnis behalten zu können:

... Frühlingsimpulse:
- ➢ Ich habe Vertrauen und die Fähigkeit, ‚Mich-verabschieden-zu-können' gesät.
- ➢ Auf jeden Hagel folgt Sonnenschein.
- ➢ Ich lebe mein Potential.
- ➢ Ich breite meine Vogelschwingen aus.
- ➢ Die Löwenzahnwiese und Ma Tu.
- ➢ Ich steige aus dem Hamsterrad aus und werde stattdessen öfter ein wenig ‚Kuh sein': genießerisch Erlebtes wiederkäuen und daraus bewusst lernen, wie zum Beispiel gerade jetzt.
- ➢ Die Fähigkeit zu warten und Geduld zu haben ist wichtig, damit die Saat aufgehen und gedeihen kann.
- ➢ Und!!!!!!!!! Ich habe mich entschieden, dass ich die Beziehung mit Nicole fortsetzen möchte!!!!!!!! ...

Danach klappte er das Buch zu und stand auf, um in einem nahe gelegenen Restaurant Essen zu gehen.

Hungrig wie er war, nahm er dort nahezu gierig sein Huhn-Gemüse-Reis-Gericht zu sich, nebenbei bemerkend, dass es genauso schmackhaft wie immer zubereitet war.

Nachher würde er Nicole anrufen. Um diese Zeit dürfte sie gut zu erreichen sein.
Ein bisschen Bammel hatte er freilich immer noch davor.

In der Zwischenzeit

Seitdem er die Entscheidung getroffen hatte, ihre Beziehung wiederzubeleben, spürte er, wie aus ihm unbekannten Quellen seine Liebe zu Nicole erneut erwachte und sich mehr und mehr vertiefte. Nun fiel ihm auch wieder all das Angenehme ein, das sie gemeinsam erlebt hatten und all das, was er an ihr liebte. Angefangen von der Art und Weise, wie sie ihr Haar beim Reden hinter die Ohren strich bis zu ihrer Eigenart spontan zu handeln ohne an die Folgen zu denken. Letzteres nervte ihn zwar manchmal, doch wie ihm jetzt bewusst wurde, war dies eine ideale Ergänzung zu seiner Eigenart vieles zuerst von fünf Seiten zu beleuchten bevor er in Aktion trat. Dabei konnte und wollte er durchaus noch von ihr lernen – wenn sie ihn denn ließ.

Als er satt war, blieb er noch eine Weile am Tisch sitzen, schaute umher in dem kleinen Raum, betrachtete die nach europäischen Verhältnissen in ungewöhnlichen Farb- und Musterzusammenstellungen gekleideten Menschen und stellte wieder einmal fest, wie gut ihm dies gefiel. „Was man schön findet, ändert sich mit der Umgebung", wurde ihm bewusst.

Nach einer Weile des Schauens zahlte er, stand auf und ging nach Hause.

Dort angekommen, trank er erst einmal ein Glas Wasser. Weniger weil er Durst hatte, als um sich ‚Mut anzutrinken' oder zumindest einen Grund zu haben, seinen Anruf noch eine Weile aufschieben zu können. Nervös ging er, das Wasserglas in der Hand haltend, noch eine Weile auf und ab, sich dabei Worte zurechtlegend, die er gleich Nicole sagen wollte.

„Jetzt", gab er sich einen Ruck. Er ging zum Telefon, hob den Hörer ab und wählte.

In der Zwischenzeit

„Nicole Wagner", hörte er ihre Stimme, so nah, als ob sie direkt neben ihm stehen würde und spürte wie neben der Aufregung auch Sehnsucht in ihm wach wurde.

„Hallo Nicole, hier ist Michael", begann er mit trockenem Mund zu reden.

„Gut, dass du anrufst", unterbrach sie ihn. „Ich wollte dich auch unbedingt noch heute erreichen. Ich muss dir einfach etwas mitteilen. Und ich wollte dies tun, bevor du nach Europa zurückkommst."

Michael spürte wie bei diesen Worten sein Mund noch trockener wurde, wenn das denn möglich war, und ihm das Herz sprichwörtlich in die Hose fiel.

„Ich sage es dir, wie es ist. Ich habe bei meinem Sprachurlaub in Spanien einen Mann kennen gelernt. So jetzt weißt du es", endete sie etwas abrupt. Michael schwieg.

„Nun sag doch schon etwas", forderte ihn Nicole mit etwas gepresst klingender Stimme heraus.

Michael schwieg. Es fiel ihm einfach nichts ein, was er hätte erwidern können nach diesem Schlag in die Magengrube. Diesem ‚Hagelsturm' wie ihm bewusst wurde. Alsdann ertönte eine Stimme in ihm: ‚Hab Vertrauen … ' Er gab sich selbst einen Ruck, beschloss mutig zu sein und ehrlich. „Ich habe mich gerade heute dafür entschieden, dass ich die Beziehung mit dir fortsetzen möchte, weil ich dich liebe. Deshalb habe ich angerufen", sagte er.

Wieder entstand eine Pause. Auch Nicole schwieg.

„Meinst du das wirklich?," fragte sie schließlich.

„Ja, ich bin mir sicher."

In der Zwischenzeit

„Ich weiß nicht genau, was ich denken soll. Ich bin ganz durcheinander. Es stimmt, ich habe diesen Mann kennen gelernt, habe mich auch in ihn verliebt, doch inzwischen ist dies vorbei. Was ich dir gegenüber empfinde, ist mir unklar. Jedenfalls spüre ich, wie viel es mir bedeutet, dass du das eben gesagt hast."

„Ich liebe dich", wiederholte Michael.

Wieder war eine Weile nur Schweigen zu hören.

„Ich liebe dich auch, doch ich brauche noch Zeit", meinte sie und legte auf.

Michael, von widerstreitenden Gefühlen, wie Angst, Hoffnung, Wut, Liebe, Vertrauen hin und her geschüttelt, spürte wie ihm die Knie weich wurden und setzte sich daher erst einmal mit dem Hörer in der Hand auf das Sofa. Wumm, das hatte gesessen. Doch sie liebte ihn, zumindest hatte sie das gesagt. „Quatsch", unterbrach er sich selbst. Wenn Nicole das äußerte, stimmte es auch, denn sie war immer ehrlich. Doch weshalb musste sie dann noch überlegen? ,Vertrauen' hörte er wieder die Stimme in sich.

So versuchte er denn, Vertrauen zu entwickeln, indem er an die zarten Blumen dachte, die weiterblühend dem Hagelsturm standhielten.

Nachts träumte er von Nicole in den Armen eines anderen Mannes, was er alles andere als angenehm empfand.

Doch trotz oder gerade wegen dieses Traumes erwachte er am nächsten Morgen erfrischt, gut ausgeruht und optimistisch. Er beschloss, das Gras wachsen und Wind und Wetter das ihre tun zu lassen. Er würde sich und Nicole erst einmal Zeit geben.

In der Zwischenzeit

Im Büro wurde er sogleich mit einem erwartungsvollen „Na, wie war's?", von seinen Kollegen begrüßt.

„Gut. Intensiv", sagte Michael nachdrücklich. Mehr konnte er jetzt nicht erzählen und vielleicht auch nie. Dazu war noch zu vieles in ihm in Bewegung und was er erlebt hatte, zu persönlich gewesen.

Die Kollegen und Kolleginnen, die bereits selbst die Ausstellung besucht hatten, lächelten verständnisvoll und eine von ihnen sagte: „Ich konnte zunächst einmal gar nichts berichten, weil das Erlebte so viel war und mir so nahe ging, dass ich es erst einmal verarbeiten musste".

„Genau so geht es mir jetzt", bestätigte Michael.

Die Woche verging mit Büroarbeit, Meetings, Baustellenbesuchen, Verabredungen, Verarbeiten, Bedenken, Vertrauen, Visionen von einer endgültigen Ablehnung von Seiten Nicoles und dann wieder Vertrauen.

Bald war es so weit: Heute war sein ‚Sommertag'. Der Tag für den Besuch des ‚Sommerraumes'. Welche neuen Welten ihm dieser wohl eröffnen würde?

In der Zwischenzeit

Impulsfragen

Wie haben Sie Ihre Erkenntnisse aus dem Frühlingsraum im Alltag umgesetzt?

Welche erfreulichen Erfahrungen haben Sie dabei gemacht?

Im Sommerraum

Im Sommerraum

Michael trat durch die Drehtür, reihte sich in die Schlange ein, die auf Einlass wartete, zeigte, als er an der Reihe war, seine Eintrittskarte vor und gab seinen Codenamen ‚Milchstraße' und ‚Sommerraum' in den PC ein. Wie bei seinem letzten Besuch bekam er einen Kopfhörer ausgehändigt.

Erwartungsvoll spazierte er dann zur Tür mit der Aufschrift ‚Sommerraum' und ging hindurch. Er stand in einem schmalen Flur, der kurz darauf vor einem Tor endete. Gerade als er sich zu fragen begann, ob er hier falsch gelandet war, ertönte seine Kopfhörerstimme:

„Was fällt Ihnen zu Sommer ein?"

Fast sofort dachte Michael an einen klaren See, in dem man wundervoll schwimmen konnte. „Ein See und Schwimmen", sagte er.

„Wird gemacht! Bitte öffnen Sie jetzt die Tür."

Michael tat wie ihm geheißen und fand sich wieder – an einem klaren blaugrünen See!

Sein und sein lassen

An ähnlichen Gewässern hatte er als Schüler und auch später noch als Student sowohl manche Nachmittage als auch ganze Ferienwochen verbracht.

Sogleich stiegen Erinnerungen in ihm auf: an Hitze, Sonne, Sonnenbrand, den Geruch von Sonnencreme, Mädchen in Bikinis, die man mit Genuss und unter Gekreische ins Wasser werfen konnte, später das Revanche-Gebalge angezettelt von den Mädchen, der Duft des Grases, auf dem man

Im Sommerraum

lag, das verlockende Gebimmel des Eisverkäufers, der mit seinem Wagen vorbeifuhr, der leckere Geschmack des Eises und dessen angenehme Kühle an Zunge, Lippen und Mund, laufen, fangen, erfrischendes Abkühlen im Wasser, schwimmend den See durchqueren, hin und zurück.

Das alles war Sommer für ihn und außerdem:

Einfach leben, den ganzen Tag draußen sein, lachen, genießen, albern, auch mal einfach nur da liegen, dösen, den Wolken beim Segeln zusehen.

Als er nun den klaren See, den strahlendblauen Himmel mit den vereinzelt dahinziehenden weißen Schäfchenwolken sowie die teils schwimmenden, teils sich sonnenden, teils sich unterhaltenden Menschen sah, die Sommerhitze fühlte und ausgelassenes Lachen hörte, verspürte er sehnsüchtig Lust auf ein Bad.

„Das blaue Handtuch und die blaue Badehose gleich dort vorne sind für Sie", ertönte die Stimme hilfreich."

Entzückt rief Michael „Danke sehr!" Rasch schlüpfte er aus seinen Kleidern, hinein in die Badehose und schwamm, nachdem er sich an die Kühle des Wassers gewöhnt hatte, prustend über den See.

Ah, war das herrlich! Ja, das war Sommer, Sommer pur! Wundervoll das Wasser am Körper zu spüren, die eigene Schwere an das Wasser abzugeben und in dahinfließende Leichtigkeit zu verwandeln.

Er schwamm und schwamm, wechselte von Brust zu Kraul und wieder zu Brust, um sich dann auf den Rücken zu legen und schließlich wieder zu kraulen.

Im Sommerraum

„Uff", der See war breiter, als er vermutet hatte oder seine Kondition war nicht mehr die, die sie einmal war.
So, bald hatte er es geschafft. ...
Jetzt.

Erst einmal heraus aus dem See, schüttelte er sich wie ein nasser Hund, um das Wasser aus Haaren und Ohren zu bekommen.
Danach ließ er sich in das sonnenwarme Gras fallen.
Tat das gut.
Ausgekühlt wie er nun war, war ihm die Sommerhitze sehr willkommen.
Allmählich spürte er, wie sein ganzer Körper sich wieder erwärmte.
So wohlig wurde ihm zumute, dass er wohl glatt ein bisschen eingedöst sein musste, denn als er die Augen wieder öffnete, sah er, dass die Sonne schon ein ganzes Stück weitergewandert war.
Zurückschwimmen mochte er jetzt nicht mehr. Lieber wollte er um den See herumwandern. Während er dies ausführte, spürte er die Wärme des Grases unter seinen Füssen und betrachtete die am Ufer stehenden Bäume, die er als Ahorn und Weiden zu erkennen glaubte. Die liegenden, gehenden, stehenden Menschen, die ihm dabei begegneten, schienen allesamt gelöst und heiter.

„Das ist der Sommer: frei sein, sich selbst und andere sein zu lassen, sich gehen lassen, genießen." Wie viele Sommer hatte er das schon nicht mehr so deutlich erlebt wie jetzt oder damals in seiner Schul- und Studienzeit? Er setzte sich sinnend in das Gras am Ufer des Sees.
Während er über das blaugrüne Wasser schaute, fühlte er in sich die Sehnsucht, ab sofort, jeden Sommer bewusst zu genießen. „Doch wie das umsetzen?", fragte er sich. Da wa-

ren die Arbeit, die Erledigungen, der Haushalt und irgendwie rannte die Zeit oft nur so an ihm vorbei. Vor seinem inneren Auge tauchten wie schon öfter in letzter Zeit, die Menschen in ihren Hamsterrädern auf. „Genauso ist es, nein *war* es bisher bei mir", verbesserte er sich, denn er dachte an seinen Entschluss öfter mal ‚Kuh' zu sein und ab und an ‚Kuhpausen' einzulegen..

Ab sofort würde er im Sommer mindestens einmal pro Woche ganz bewusst die Freuden dieser Jahreszeit genießen, sei es am See, irgendwo anders draußen in der Natur oder eisschleckend durch eine Stadt schlendernd. Ja, das würde er machen und er wusste jetzt schon, dass ihm das gut bekommen würde.

Nach dieser Entscheidung erhob er sich, ging weiter und war froh darüber, dass sein Körper bereits etwas vorgebräunt war. Ansonsten hätte er sicher einen Sonnenbrand davongetragen, sofern es in diesem Seasoning-Center überhaupt möglich war einen solchen zu bekommen.

Bald erreichte er die Stelle, an der er sein Handtuch und seine Sachen hatte liegen lassen.

Er zog sich wieder an, sandte einen dankbaren Blick über See, Ufer und Himmel, setzte seine ‚Ohrstöpsel' wieder ein und hörte sogleich die bekannte Stimme:

„Glückwunsch! Sie haben eine wesentliche Sommerqualität entdeckt und sich davon inspirieren lassen.

In welchen Bereichen Ihres Lebens möchten Sie dieses Sommergefühl von ‚frei sein, sich selbst und andere sein zu lassen, sich gehen lassen, genießen' noch mehr leben? Privat und beruflich?"

Michael setzte sich sofort wieder hin. Welch eine originelle Idee, dieses Gefühl, diese Qualität leben zu können

Im Sommerraum

ohne direkt an einem See zu sein oder tatsächlich Sommer zu haben. „Das war ein Ding!" Wann also wollte er dieses Sommergefühl leben?

Immer dann, wenn er zu verbissen etwas verfolgte, sich in irgendetwas verrannt hatte oder die Gedanken ständig um ein und dasselbe Problem kreisten, würde es ihm sicher gut tun, ganz bewusst in diese Qualität hineinzuspüren. Ebenso dann, wenn er einfach Sehnsucht nach Erholung hatte. Doch wie konnte das gehen?

Seine Ohrstimme hatte wieder einmal die Antwort parat:

„Dies geht ganz leicht, indem Sie es sich einfach vorstellen. Schließen Sie die Augen und malen Sie sich aus im Büro zu sein: Die Luft ist stickig. Sie sitzen in einer anstrengenden Besprechung ... .

Sehen Sie, schon sind Sie in Gedanken dort oder etwa nicht?"

„Stimmt genau", sagte Michael.

„Genauso leicht können Sie in jeder beliebigen Situation sich diesen oder einen anderen See und die ‚Sommerqualität' vorstellen. Automatisch werden Sie dann die entsprechenden Gefühle verspüren, die dieser Anblick in Ihnen auslöst!"

Das leuchtete Michael sofort ein, denn kaum hatte er sich selbst im Meeting gesehen, war gleichzeitig das in der damaligen Situation empfundene Gefühl der Anspannung in ihm aufgetaucht.

„Wenn Sie mögen, können Sie sich jetzt vorstellen, wie Sie einen Schwall Sommerenergie, nämlich ‚frei sein, sich selbst und andere sein lassen, sich gehen lassen, genießen' in das Meeting hinein fließen lassen", tönte es in seinem Ohr.

Michael probierte es und tatsächlich! Es funktionierte: Als er sich jetzt in seiner Vorstellung wieder ‚im Meeting' spürte, fühlte er sich viel entspannter und lockerer. Er konnte seinen Gesprächspartnern besser zuhören und kam sogar auf eine gute Idee, die er damals schon gerne gehabt hätte.

„Das mache ich", rief er seiner Ohrstimmer zu. „Danke!"

„Aber gerne", lachte die Stimme.

„Nun, haben Sie Lust auf weitere Sommerimpulse?"

„Was? Gibt es noch mehr?", staunte Michael.

Vielfalt um sich herum und in sich selbst entdecken

„Aber ja! Gehen Sie bitte am linken Seeufer entlang bis Sie zu einer Wiese kommen. Dort können Sie die Vielfalt des Sommers entdecken."

Bald befand er sich inmitten von hohem Gras und Hunderten, Tausenden oder vielmehr eher Milliarden von bunten Wiesenblumen. Weiße Margariten blühten neben rosarotem Klee, weißen Schierlingsblüten, knallrosa Kuckucksnelken, gelbem Hahnenfuß, blauem Ehrenpreis, braunem Spitzwegerichrispen sowie vielen anderen Gräsern und Blüten. Er roch den Duft der Blumen und genoss das Blau des Himmels über sich.

Das Gesumm der Insekten sowie das angenehme Zirpen der Grillen, das er schon immer gern gemocht hatte, drangen an sein Ohr.

Im Sommerraum

Kleine braune Käferchen, Heuschrecken, Schwirrfliegen und Bienen sah er sowie hier und da einen Schmetterling. Grün schillernde Käfer und klitzekleine Spinnen tummelten sich an den Grashalmen, Blumenstielen und Blüten. Sogar eine Bremse fand sich ein, die Michael allerdings schnell verscheuchte.

„Der Sommer kann Sie dazu inspirieren die Vielfalt Ihres eigenen Lebens zu entdecken:

In welchen Bereichen Ihres Lebens gibt es gerade jetzt Vielfalt? Ich lade Sie ein, sich dies nun bewusst zu machen."

Michael breitete sein Handtuch auf der Wiese aus und machte es sich darauf bequem. Dann sah er auf Gräser und Blumen und dachte über die ihm gestellte Frage nach. In welchen Bereichen seines Lebens gab es gerade Vielfalt?

„Hmmh?"

Er schnappte sich sein Seasoning-Buch, rollte sich auf den Bauch und schrieb:

... Sommerimpulse:

Wo findet sich in meinem Leben gerade Vielfalt?

> ➢ Die Umgebung hier weist eine große Bandbreite an Mustern und Farben auf.
> ➢ Außerdem habe ich das Vergnügen, mit Menschen aus aller Welt zusammenzuarbeiten.

Er merkte, wie er in Schwung kam:
> ➢ Sehr unterschiedliche Freunde und Bekannte habe ich auch.

Im Sommerraum

- ➤ In meinem Team gibt es vielfältige Begabungen und spezielle Kenntnisse, die ich bisher noch kaum gewürdigt habe.
- ➤ Meine Arbeit ist breitgefächert: Da gibt es Meetings und Beratungsgespräche. Es gilt Konstruktionen anzufertigen, Anordnungen zu treffen, zu motivieren, auch mal zu kritisieren, zu kontrollieren, kreativ und genau zu sein. Abwechslung ist sogar ein entscheidender Faktor, weshalb mir meine Arbeit derart gut gefällt.
- ➤ Ich liebe Abwechslung und Vielfalt!
- ➤ Wo noch? Reiche Auswahl bei den Restaurants: Je nach Lust und Laune kann ich griechisch, italienisch, chinesisch, indisch, deutsch, japanisch und so weiter essen.
- ➤ Auch Supermärkte sind Paläste der Mannigfaltigkeit, ebenso die Kaufhäuser. ...

„Wünschen Sie sich in irgendeinem Ihrer Lebensbereiche noch mehr Vielfalt?"

Nein. Manchmal wurde ihm diese sogar zu viel, wenn er beispielsweise an die Supermärkte dachte. Doch er würde die Vielfältigkeit seines Leben ab sofort bewusst schätzen und genießen.

„Gut erkannt", ließ sich da die Stimme in seinem Ohr vernehmen. „Alles stößt an seine Grenzen: Zu viel ‚Einheit', wie Sie es zum Beispiel aus den Monokulturen kennen, kann langweilig und reizlos wirken. Zu viel Mannigfaltigkeit wird unübersichtlich, überladend und überfordernd. Deshalb brauchen wir auch den Winter, um in Balance zu bleiben. Wie sieht es darüber hinaus mit Ihrer inneren Vielfalt aus?"

Michael dachte an sein Potential, das er im Frühlingsraum auf seiner Löwenzahnwiese entdeckt hatte.

„Stimmt. Außerdem ist Ihnen noch ein ganz besonderer Schatz an Vielfalt zu eigen: Ihre Gefühle."

„Meine Gefühle?", staunte Michael. „Leute, wie meint ihr das? Wie soll ich das verstehen?"

„Gerne erläutern wir Ihnen dies an Hand einer Geschichte näher. Suchen Sie bitte links von Ihrem Handtuch und gleich werden Sie einige zusammengeheftete Seiten finden."

Als er die Papierbögen gefunden hatte, las er:

Die Geschichte vom Gefühlsgarten

Vielleicht war es auf dem Land, vielleicht in der Stadt, vielleicht in diesem Land, vielleicht in einem anderen, dass sich folgende Begebenheit zutrug.

Ein junger Mann hatte gerade das, was man eine Lebenskrise nennt.

Eigentlich war gar nichts Besonderes passiert. Seine Freundin, mit der er seit Jahren zusammenlebte, liebte ihn noch immer, sein Job in einer Anwaltskanzlei machte immer noch meistens Spaß und seine Eltern hatten ihn auch nicht enterbt. Doch irgendetwas fraß an ihm und quälte ihn. Er hätte auf eine Frage hin gar nicht genau sagen können, was das war. Es war ein Zwang in ihm seit neuestem ständig alles in Frage zu stellen, was bis gestern noch in seinem Leben selbstverständlich und gut war: Die Beziehung, die Ar-

Im Sommerraum

beit, die Wohnung. Und dabei war er noch viel zu jung für die Midlife-Krisis.

Er schwankte zwischen Ruhelosigkeit und Beunruhigung, zwischen Angst und Beängstigung. Zu allem Übel war er dabei auch noch ärgerlich auf sich selbst: Er hatte so viele Bücher über positives Denken gelesen und eine Menge Geld dafür ausgegeben, Seminare zu besuchen, in denen er nach und nach die Kunst des positiven Denkens erlernte und nun das. Das ihm!

Er konnte es nicht fassen, haderte mit sich selbst und seiner Unfähigkeit seine Gefühle und damit sein Leben in den Griff zu bekommen. Um diese Ruhelosigkeit wenigstens in Bewegungsenergie umzuwandeln hatte er es sich in letzter Zeit angewöhnt, weite und lange Spaziergänge zu unternehmen. Einfach dahin, wohin seine Füße ihn trugen. Bei einem dieser Spaziergänge erlebte er etwas, das sein Leben auf einer ganz tief empfundenen Ebene veränderte und bereicherte und vielleicht auch das Ihre wohltuend verändern und bereichern wird.

Und das kam so:

Er war schon eine ganze Weile gewandert, als ihn ein Weg, der nach links abbog, verlockte. Die Buchen breiteten ihre grünen Kronen links und rechts des Weges aus. Durch das dichte Laub der Blätter fiel das Licht grün-golden. Vereinzelt blühten weiße, rosa und blaue Blumen unter den Bäumen. Es duftete angenehm nach Erde und Wald. Die Luft war lau, nur ein leichter Wind strich angenehm über seine Haut. Vogelgezwitscher drang an sein Ohr.

Nach einer Weile kam er zu einem Gemäuer, das wie ein kleines verlassenes und doch wieder nicht verlassenes Kloster wirkte. Auf den sonnenbeschienenen Mauern tanzte das

Im Sommerraum

Licht und eine Katze sonnte sich darin. Auch ein kleiner, sorgfältig gepflegter Garten, angelegt im Stil der Renaissance-Gärten war da ganz unerwartet zu finden. Blumen und Kräuter wuchsen hier scheinbar durcheinander und dort, durch kleine Mäuerchen getrennt, ordentlich nebeneinander. Jetzt im Sommer wuchsen Rosmarin und Thymian, Margariten und Nelken und noch vieles mehr. Ein frischer süß-herber Duft lag über dem Ganzen.

Die Stimmung, die dieser Ort ausstrahlte, war so erfrischend und heiter, dass er sich auf eines der Mäuerchen setzte, um sich auszuruhen und diese wohltuende Atmosphäre zu genießen.

Mochte ja sein, dass dabei das ein oder andere auch auf ihn abfärbte, dachte er bei sich.

So verweilte er geraume Zeit.

Schließlich ließ er sich, um es noch bequemer zu haben, auf die Erde sinken und lehnte seinen Rücken an die von den Sonnenstrahlen erwärmte Mauer.

Er träumte, seine Blicke über den Garten schweifen lassend, vor sich hin und genoss es, dass die angenehm wärmenden Strahlen der Sonne ihn beschienen. Dabei spürte er oder vielleicht spürte er es in diesem Moment noch gar nicht, wie sein Herz allmählich leichter wurde und in seine Gefühle allmählich Ordnung und Ruhe einkehrten.

Eine lange Weile verging und er glitt, getragen von diesem wohligen Gefühl, in einen tiefen, ruhigen Schlaf.

Er erwachte davon, dass ein Schatten auf ihn fiel. Vor ihm stand ein Mann undefinierbaren Alters, der etwa dreißig, aber genauso gut auch sechzig Jahre alt sein konnte.

Im Sommerraum

Der Mann lächelte ihn an und fragte: "Gefällt Ihnen mein Garten?"

"Ja, sehr", bestätigte er und entschuldigte sich, dass er sich einfach so hingesetzt hatte.

"Ist schon in Ordnung", beschwichtigte ihn der andere und setzte sich dann mit einem "Darf ich?", das Michael bejahte, neben ihn.

Nun ließen sie eine Weile gemeinsam ihre Blicke über den Garten schweifen.

"Ein wirklich reizender Garten ist das", begann der Besucher ein Gespräch.

"Ja, ich liebe ihn selbst sehr", sagte der Mann, "meinen Gefühlsgarten."

"Gefühlsgarten?", stutzte der andere.

"Ja, Sie haben richtig gehört: Gefühlsgarten."

"Was bedeutet das?"

"Ganz einfach, indem ich diesen Garten pflege, pflege ich meine Gefühle und sorge dafür, dass keines überhand nimmt und alles andere überwuchert, sondern dass jedes seinen Raum und Platz hat: Die Eifersucht neben der Liebe, Hass und Zorn neben der Gelassenheit und die Schadenfreude in ihrer kleinen Ecke neben dem Glück.

Denn wissen Sie, vielleicht kennen Sie das: Wenn wir glücklich und froh sind, denken wir, wir bestehen nur aus Glück und Freude. Dann glauben wir, dass dies jetzt immer

Im Sommerraum

so bleiben wird. Doch dann plagt uns plötzlich die Unruhe, Hilflosigkeit oder Unsicherheit und nun sehen wir nur noch diese. Es ist, als ob es Glück und Freude nie gegeben hätte.

So kam ich auf die Idee mir meinen Gefühlsgarten anzulegen. Hier steht jede Pflanze für ein Gefühl. Die Margarite zum Beispiel bedeutet für mich Heiterkeit, der Rosmarin steht für Tapferkeit, die Wicke für Hartnäckigkeit und so weiter.

Ich pflege und liebe sie alle. Dabei hat jedes seinen Raum. Und ich bin all das, diese Fülle, diese wundervolle Ganzheit!

Wenn mich nun einmal die Traurigkeit überkommt und mich zu überwältigen droht, blicke ich in meinen Garten und entdecke die Freude, die Hoffnung sowie die Kreativität, die hier auch noch sind. Dadurch relativiert sich alles und nimmt eine angemessene, handhabbare Größe an.

Ein andermal, wenn ich voller Stolz bin, dieser mich ganz und gar ausfüllt, alles andere neben mir kleiner wird, schaue ich auf meinen Garten und sehe die Hilflosigkeit, die Unsicherheit, die Gemeinheit, die Gelassenheit, die Liebe sowie den Humor. Dann rückt alles in das rechte Maß. Ich bin wieder ganz und muss lächeln.

Dieser Garten bin ich, er ist mein Trost und mein Glück, meine Freude und immerwährende Inspiration", schloss er und schwieg.

Michaels Herzschlag hatte sich, während er immer gespannter zugehört hatte, beschleunigt. Er spürte dieses vertraute Kribbeln, das eine beginnende Gänsehaut auf seinen Armen ankündigte, die er immer dann bekam, wenn etwas für ihn Stimmiges, Wesentliches passierte. Das, was er da hörte, war ja genau das, was er brauchte, um seine außer

Im Sommerraum

Kontrolle geratenen Gefühle, die ihm Angst machten, zu befrieden!

„Das klingt sehr beeindruckend und tut mir schon beim Zuhören gut. Genauso etwas möchte ich auch haben, doch ich habe keinen Garten."

„Das ist auch nicht nötig", meinte der junge-alte, alte-junge Mann. „Sie können sich Ihre Ganzheit und Fülle auch malen. Warten Sie, ich hole Ihnen Blatt und Stifte, dann zeige ich Ihnen wie. Möchten Sie?"

Und ob er mochte.

Nach kurzer Zeit kam der Mann mit den angekündigten Dingen zurück und erklärte ihm: „Zeichnen Sie zunächst einen großen Kreis auf Ihren Papierbogen. Dieser Kreis steht für Ihre Ganzheit.

Dann malen Sie all die Gefühle hinein, die Sie in sich selbst entdecken.

Wählen Sie dazu die Farben aus, die Ihrer Meinung nach diesen Gefühlen entsprechen."

Dann verabschiedete er sich freundlich von ihm mit den Worten „Ich lasse Sie nun besser alleine, dann können Sie in Ruhe sinnen und malen. Lassen Sie die Stifte und den Rest des Malblockes anschließend einfach liegen, ich hole sie mir dann später.

Sie können gerne einmal wiederkommen, wenn Sie es möchten, doch vielleicht brauchen Sie das auch gar nicht mehr."

Mit Wärme und Herzlichkeit dankte Michael dem Mann und verabschiedete sich von ihm.

Im Sommerraum

Nun überlegte er nicht lange, sondern zeichnete sogleich einen großen Kreis auf das Blatt. Danach griff er zur ersten Farbe, malte und schrieb ‚Ruhelosigkeit' in den entstandenen bunten Farbfleck. Dann nahm er Grün, malte und schrieb ‚Mut' darüber.

So füllte sich nach und nach der Kreis auf seinem Blatt. Jedem Gefühl, das er in sich erspürte gab er Raum, Form und Farbe.

Obwohl das Rund schon voll schien, entdeckte er doch immer wieder freien Raum, wenn er noch ein weiteres Gefühl hinein malen wollte. Er spürte, dass das so bleiben würde: Das immer wieder Raum für neue Gefühle da sein würde.

Sein Herz war jetzt ruhig.

Indem er sein Bild betrachtete, relativierten sich seine vor kurzem noch so beängstigenden Gefühle. Er fühlte jetzt wieder, dass auch die Freude, der Spaß und ebenso die Liebe in ihm sein Zuhause hatten.

Er riss das Blatt vom Block, sandte noch einige dankbare Blicke über den Gefühlsgarten sowie einige dankbare Gedanken an den jungen-alten Mann, stand auf, klopfte sich den Staub von der Hose, nahm sein kostbares Bild von der ‚Fülle und Ganzheit' und schickte sich an, nach Hause zu gehen.

Er war ein anderer als zuvor. Gleich und doch anders. Das Erlebte würde sein Leben lang immer wieder beruhigend, anregend und tröstend in ihm nachwirken, dessen war er sich sicher.

Als er daheim ankam, umarmte er glücklich und innig seine Freundin, die er erst jetzt wieder in ihrer ganzen Liebenswürdigkeit wahrnehmen konnte.

Im Sommerraum

Um sie an seiner Freude teilnehmen zu lassen sowie diese noch vollkommener zu machen, lud er sie zum Essen ein. Was er ihr dort alles erzählte, weiß ich nicht, doch Sie dürfen es sich gerne vorstellen. Wahrscheinlich war auch der ein oder andere Kuss dabei.

Dem alten Mann begegnete er nicht wieder und auch den Weg ging er nicht mehr, doch immer, wenn er Rosmarin sah oder roch, dachte er an diese Begegnung, und Sie können das gerne auch tun.

„Wow!", das stimmte, Gefühle waren tatsächlich ein Quell der Vielfalt und ein wahrer Schatz! Dieses Bild des Gefühlsgartens gefiel ihm ausnehmend gut.

Wenn Nicole früher des öfteren von ihm gefordert hatte, seine Gefühle mehr zu äußern, hatte er eigentlich nie so recht gewusst, was sie damit meinte. Jetzt erkannte er es. In diesem Augenblick zum Beispiel fühlte er sich wach, lebendig, optimistisch, nachdenklich und neugierig.

Das Bild mit dem Gefühlsgarten oder dem Gefühlskreis würde ihm sicher noch öfter helfen, wenn er – ah, da fiel ihm etwas ein! Er hatte doch beschlossen, zukünftig Abschiede besser auszuhalten. Genau dafür benötigte er die Fähigkeit, sich seine Gefühle bewusst zumachen, zuzulassen, zu zeigen, vielleicht sogar zu riskieren, dass ihm die ein oder andere Träne in die Augen trat oder gar über die Wange lief. Wenn das nicht mutig war, was dann?

Schon war er neugierig darauf, welche Gefühlsvielfalt er demnächst in seinem eigenen Gefühlsgarten entdecken würde. Auf jeden Fall Hunger! Gut, dass er sich für alle Fälle einen Müsliriegel in die Hosentasche gesteckt hatte.

„Wenn Sie mögen, nehmen Sie sich Zeit Ihren ‚Gefühlskreis' in Ihr Seasoning-Buch zu malen. Buntstifte finden Sie unter dem losen Grasstück, auf dem Sie vorhin die Geschichte gefunden haben."

„Unter dem *losen* Grasstück?"
„Genau. Unter dem losen Grasstück."

Tatsächlich, als er an dem entsprechenden Grasbüschel zog, gab dieser sogleich nach. Darunter befand sich eine Ausbuchtung in der Erde und in dieser wiederum eine kleine Metallkiste, in der sich, wie er sogleich feststellte, Buntstifte in vielerlei Farben befanden.

Er aß seinen Müsliriegel, zeichnete dann einen großen Kreis in sein Buch und nahm sich Zeit, seine Gefühle hervortreten zu lassen, ihnen Raum und Farbe zu geben.

Angenehm und anregend war er so beschäftigt.

Das Ergebnis war letztlich nicht nur wohltuend, sondern auch noch hübsch anzusehen, fand er.

So haben Sie nun Ihre innere Schönheit sichtbar gemacht", hörte er aus seinem Kopfhörer tönen.

„Innere Schönheit?" Das also war unter diesem Ausdruck zu verstehen! Innere Schönheit ... . Ja, er fühlte sich schön, innerlich schön. Wie wundervoll. Ein Geschenk!

Eine Weile überließ er sich dieser Freude bis sich weiterer Tatendrang in ihm regte. „Ah, Tatendrang!" Sogleich ergänzte er dieses Gefühl in seinem Kreis.

Tatsächlich schien sich dort immer wieder Raum für ein neues Gefühl zu ergeben.

Zufrieden stand er auf, rollte sein Handtuch zusammen, faltete die Geschichte und steckte sie zwischen die Seiten seines Seasoning-Buches.

Im Sommerraum

Was nun?

‚Vielfalt' hatte er bereits entdeckt, außerdem herausgefunden, was für ihn ganz persönlich, ‚Sommer' bedeutete und wie er diese Sommerqualität in seinen Alltag einfließen lassen konnte. Was würde jetzt wohl noch kommen?

„Sie scheinen bereit zu sein für Ihr nächstes Abenteuer!", schaltete sich die Stimme in seinem Ohr erneut ein.

‚Abenteuer' war gut ausgedrückt, fand Michael. Tatsächlich fühlte er sich hier im Seasoning-Center selbst als Teil einer Geschichte, bei der er nie wusste, was als nächstes geschehen würde.

„Bitte gehen Sie nun ein Stück über die Wiese bis Sie sehen, wie diese in Felder übergeht, dort wartet Ihr nächster Sommerimpuls auf Sie."

Hegen und pflegen, bis die Saat reif ist

Michael folgte diesem Hinweis, stand auf und ging in die angegebene Richtung.

Tatsächlich, am Ende der Wiese entdeckte er eine kleine Hecke mit niedrigen Büschen. Vögel flogen eifrig zwitschernd hinein- und heraus. Dahinter erstreckte sich weites Land mit Mais-, Weizen-, Gerste- und Haferfeldern sowie einigen Wiesen, die zum Teil bereits gemäht waren. An manchen Stellen sah er Mohnblumen rot und grazil wachsen sowie hier und dort eine zarte blaue Kornblume. „Was wohl von den Feldern für Impulse ausgehen?", fragte er sich.

„Gehen Sie bitte noch etwas weiter bis Sie zu einem Waldrand kommen. Dort werden Sie eine Bank finden, auf

Im Sommerraum

der Sie sich für eine Weile niederlassen können, wenn Sie möchten", hörte er wieder die Stimme im Ohr.

Das klang gut. Näherkommend erkannte er Buchen, Eichen und einige Kiefern. Dort stand auch schon die angekündigte Bank unter einer Buche, die mit weitausladenden Ästen angenehm kühlen Schatten verbreitete. Als er sich niederließ, konnte er die reizvolle Aussicht auf die sanfthügeligen Felder und Wiesen genießen. Emporblickend entdeckte er über sich an den Ästen zwischen den Buchenblättern die ersten, noch grünen Bucheckern. In einiger Entfernung waren Menschen bei der Heuernte zu sehen.

Kurz darauf fuhr ein bis obenhin mit Heu gefüllter Wagen von einer nahegelegenen Wiese ab und den Weg entlang, den Michael vor kurzem gegangen war. Als der Heuwagen etwa auf seiner Höhe war, winkte ihm im Vorbeifahren einer der Menschen, die obenauf saßen, zu: Es war Ma Tu, der ihm zurief, „wir sehen uns im Herbstraum".

Michael sah ihm verdutzt hinterher.

Das wurde ja immer geheimnisvoller mit diesem Ma Tu! Erst diese Andeutung im Cafe, dann die Geschichte mit dem Potential auf der Löwenzahnwiese und nun dies! Man würde sehen! Schon jetzt war er neugierig, was sich bei diesem Treffen im Herbstraum ereignen würde, denn dass ein solches stattfinden würde, erschien ihm nach alledem offensichtlich.

Doch nun wollte er erst einmal weiter den Sommerraum genießen und den nächsten für ihn vorbereiteten Impuls entdecken beziehungsweise sich erklären oder zeigen lassen.

„Welcher Denkanstoß könnte hier in diesen Feldern oder hier am Waldrand versteckt sein?", griff er seine sich selbst gestellte Frage wieder auf.

Im Sommerraum

Vogelgezwitscher und Bienengesumm umgaben ihn, hier hörte er einen Kuckuck rufen, dort einen Specht hämmern. Ein leichter Wind strich angenehm über seine Haut. Er genoss es hier zu sitzen, die Sommerluft zu spüren und den Duft nach Erde, Heu und Wald zu riechen.

Im Sommer schien alles prächtig und üppig zu wachsen.

Das war vielleicht der angekündigte Impuls! Im Frühling wurde gesät, im Sommer wuchs die Saat während regelmäßig gedüngt und die Pflanzen versorgt wurden.

Das ein oder andere konnte auch jetzt schon geerntet werden, wie beispielsweise das Heu. Also: Hegen und pflegen bis die Saat reif ist. Das lehrte der Sommer.

„Stimmt", tönte es in seinem Ohr. „Wie geht es Ihrer Saat, die Sie im Frühlingsraum in die Erde gelegt haben und all dem Neuen, das Sie begonnen haben? Was ist daraus jetzt schon geworden?"

Er nahm sein Seasoning-Buch zur Hand und schrieb:

... Wie geht es meiner ‚Frühjahrs-Saat'?

- ➢ Ich habe Nicole angerufen.
- ➢ Für mein Ziel, Abschieden stand zu halten, habe ich heute bereits wieder einen Impuls bekommen.
- ➢ Diese Woche habe ich ein reizvolles Gespräch für ein Folgeprojekt in Autun geführt.
- ➢ Auch hinsichtlich des Vertrauens habe ich Fortschritte gemacht. Fast immer, wenn mir Zweifel kommen, gelingt es mir inzwischen, diese auszuschalten und stattdessen Vertrauen einzuschalten. ...

„Da tut sich richtig etwas", stellte er fest. Das machte Spaß, sich Ziele zu setzen und zu sehen, wie weit der Wachstumsprozess jeweils fortgeschritten war.

Ab sofort würde er sich öfter bewusst Ziele vornehmen, beschloss er.

„Das ist eine gute Entscheidung", lobte die Stimme. „Welches Ihrer Ziele oder Ihrer Potentiale benötigt jetzt noch etwas Dünger oder Hege und Pflege, um noch besser reifen zu können?"

„Allmählich habe ich genug Zeit verstreichen lassen, so dass ich mich wieder bei Nicole melden könnte", überlegte er.

Um mit ihr ins Gespräch zu kommen, würde er ihr von seinem Ausstellungsbesuch erzählen. Es war ihm wichtig, sie an diesen Gedanken und Erfahrungen teilhaben zu lassen, denn er spürte, dass das, was hier in der Ausstellung mit ihm und in ihm geschah für ihn als ganze Person entscheidend war. Wie sie wohl auf seinen Bericht reagieren würde? „Ich rufe also Nicole an!", entschied er.

Wie stand es bezüglich seines Potentials? Hier war in seinem Innersten ein Prozess angestoßen worden, der nun vor sich hinreifte wie das Getreide vor ihm. Er würde es bemerken, wann die Zeit reif war, davon zu kosten und zu ernten. Bis dahin würde er abwarten beziehungsweise vertrauen, wie er bereits im Frühlingsraum gelernt hatte.

„Genau. Jedes Ding auf Erden hat seine Zeit: Zu säen hat seine Zeit, zu wachsen hat seine Zeit und auch zu ernten.

Wie ich sehe, sind Sie nun bereit für einen letzten Sommerimpuls. Bitte schön, hier kommt er schon!"

Im Sommerraum

Reinigende Gewitter zulassen

Michael schaute sich um, doch er konnte nichts Besonderes entdecken.

Bald war *es* allerdings weder zu übersehen, noch zu überhören: Gewaltige, dunkle Wolkengebirge türmten sich auf und schoben sich vor die Sonne. Tiefes Donnergrollen war zu vernehmen, erst noch ganz fern, bald schon näher. Dann zuckte auch schon der erste Blitz und die ersten Tropfen fielen.

Ganz in der Nähe nahm Michael ein Surren wahr und bemerkte gleich darauf, wie dicht vor ihm, von oben herab, eine Glasscheibe heruntergelassen wurde.

„Damit Sie trocken bleiben", hörte er die Stimme sagen.

„Danke, das ist aber zuvorkommend!", rief Michael erleichtert.

Hinter der Glaswand brach jetzt ein wahrer Wolkenbruch los. Das laute Geprassel des Regens wurde unterstützt durch gewaltiges Donnern und Blitzekrachen. „Eine wahrhaft eindrucksvolle Himmelsmusik", schoss es ihm durch den Kopf.

Je länger er dem Gewitter zuschaute, desto deutlicher wurde ihm, dass sich der Himmel richtig auszutoben schien.

„Das haben Sie richtig erkannt: Der Himmel ‚tobt' sich aus. In der Natur herrscht nicht nur Harmonie, sprich Sonnenschein. Jeder kreative Prozess braucht wie die Natur Gegensätze, um Neues schaffen zu können: hell und dunkel, männlich und weiblich, alt und jung, trocken und nass, laut und leise. Gestaltungskraft entsteht, indem durch Gegensätze ein Spannungsbogen erzeugt wird. Aus diesem

Im Sommerraum

kann sich Kreativität entladen. Diese Art der Entladung dient auch der Reinigung und Klärung, auch der Reinigung und Klärung Ihres seelischen Haushalts.

Nehmen Sie sich nun, während das Gewitter seinen Lauf nimmt, Zeit, sich bewusst zu machen, was sich bei Ihnen alles angestaut hat: Ärger, Wut, Verletzungen, Trauer oder was auch immer, das Sie gerne sich entladen lassen möchten.

Spüren Sie hinein in die Energie des Gewitters. Fühlen Sie die Gewitterwolken, die Blitze, den Donner in sich und lassen Sie dieses innere Gewitter sich austoben.

Es macht gar nichts, wenn Sie jetzt noch nicht wissen, was sich da angesammelt hat, seien Sie einfach Gewitter und Sie werden schon jetzt oder währenddessen oder hinterher wissen, was sich in Ihnen gereinigt und geklärt hat."

Michael versuchte selbst Gewitter zu sein.

Selbst Blitz und Donner zu sein.

Ganz allmählich spürte er, wie es sich in seinem Inneren verdunkelte, zusammenballte, blitzte und donnerte.

Wütend und zornig wurde er.

So wütend und zornig, dass er anfing auf die Glaswand einzuhämmern – diese erwies sich glücklicherweise als äußerst stabil – und mit den Füßen fest auf den Boden zu treten. Dabei entfuhr es ihm laut:

„Du blöde Ziege, wie kannst du mich nur so gemein hintergehen ... ." Weiter und weiter tobte er, ...

Irgendwann dann, spürte er, wie Tränen der Erleichterung über seine Wangen herabliefen und schließlich wieder versiegten.

Im Sommerraum

Es wurde ruhig und friedlich in ihm, bald sogar heiter.
Wieder hörte er das Surren. Die Glaswand hob sich wieder und verschwand.

Der Regen hatte aufgehört. Das Gewitter hatte sich verzogen, die Sonne schien wieder. Gras und Felder glänzten nass und es roch nach frischer Erde. Ein paar Halme waren geknickt, sonst sah alles frisch, gesund und lebendig aus.

Auch er selbst fühlte sich lebendig und frisch, offen und bereit für Neues, auch ganz und gar offen für Nicole.

„Sehr wohltuend so ein Gewitter und sehr erleichternd", befand er für sich selbst. „Uff, hatte das gut getan!" Tief und befreit atmete er aus.

„Das könnte auch im Büro einmal gut tun", überlegte er: „Alles, was sich im Team angestaut hat, auf den Tisch bringen und dann, wie man so schön sagt, ‚reinen Tisch machen'." Das würde er bei Gelegenheit ausprobieren. Vielleicht sogar in regelmäßigen Abständen, beispielsweise monatlich, damit sich nicht so vieles ansammelte. „Wie wäre es mit fünf Minuten erlaubtem sich gegenseitig ‚Anbrüllen' und dann ein auf irgendeine Weise humorvoll gestaltetes ‚Friedensritual'?" Seine Kreativität war offensichtlich durch das Gewitter angekurbelt worden. Er würde die Idee reifen lassen und zu gegebener Zeit umsetzen.

Das war wieder ein lohnender Tag gewesen hier im Sommerraum. Richtig satt war er von den vielfältigen Erfahrungen. Vom äußeren zum inneren Reichtum hatte ihn dieser Tag geführt.
Wenn es nach ihm ging, konnte er jetzt nach Hause gehen.

„Ihr Besuch im Sommerraum endet nun. Bitte verabschieden Sie sich auf Ihre Weise und gehen Sie dann zum Ausgang. Dieser befindet sich direkt hinter Ihnen.

Im Sommerraum

Wir wünschen Ihnen viel Freude und Erfüllung beim Nachspüren und Nachwirken lassen Ihrer heutigen Erlebnisse und Eindrücke.

Wir freuen uns darauf, Sie im Herbstraum wieder begrüßen zu dürfen. Auf Wiedersehen."

„Danke", sagte Michael. „Danke sehr."

Erfüllt schaute er sich noch einmal in der Sommerlandschaft um und wandte sich dann dem Ausgang zu.

Im Sommerraum

Impulsfragen

Sein und sein lassen

Wie leben Sie dieses Gefühl im Sommer?

In welchen Situationen möchten Sie diese Sommerqualität außerdem noch leben?

Stellen Sie sich vor Ihre Sommerqualität in diese Situationen hineinfließen zu lassen. Was verändert sich dadurch?

Vielfalt um sich herum und in sich selbst entdecken

In welchen Bereichen Ihres Lebens gibt es gerade Vielfalt?

Im Sommerraum

In welchen Bereichen Ihres Lebens wünschen Sie sich mehr Vielfalt?

Die Geschichte vom Gefühlsgarten

Wie sieht Ihr Gefühlsgarten aus?

Inwieweit ist die Vorstellung des ‚Gefühlsgartens' für Ihr Leben nützlich?

Im Sommerraum

Hegen und pflegen, bis die Saat reif ist

Wie geht es all dem Neuen, was Sie im Frühlingsraum gesät haben? Was bedarf noch der Pflege und Hege?

Reinigende Gewitter zulassen

Was hat sich bei Ihnen alles angestaut, das sie nun sich ‚entladen lassen' möchten?

In Ihrer Vorstellung können Sie jetzt Gewitter sein, können Sie blitzen und donnern ... .Wie fühlt sich dies für Sie an?

Wenn Sie mögen, können Sie diese Erfahrung jederzeit wiederholen.

In der Zwischenzeit

In der Zwischenzeit

Auf dem Weg nach Hause machte Michael in einem seiner Lieblingsrestaurants halt um erst einmal etwas zu essen. Er war ziemlich hungrig. Innere Aktivität schien, wie er nun feststellen konnte, enorme Energie zu verbrauchen.

Während er auf sein Essen wartete, schrieb er manches, was ihm durch Kopf, Herz und Bauch ging, in sein Seasoning-Buch:

... Sommerimpulse:

- ➢ Sommer ist für mich Freisein, mich gehen lassen und aktiv sein.
- ➢ Möchte ich mich bei einer bestimmten Gelegenheit besser fühlen, kann ich meine angenehmen Sommergefühle alleine durch meine Vorstellungskraft in die jeweilige Situation einfließen lassen.
- ➢ Sommer ist Vielfalt um mich herum und in mir selbst.
- ➢ Ich werde zukünftig die Vielfalt der Begabungen und Fähigkeiten meiner Mitarbeiter und Mitarbeiterinnen würdigen und lasse mir einfallen, wie ich das tun werde.
- ➢ Ich mache mir immer wieder meinen Gefühlsgarten bewusst um meine Ganzheit und Fülle zu spüren, meine Gefühle als einzigartig zu genießen und bei Bedarf relativieren zu können.
- ➢ Sommer ist wachsen und reifen lassen. Dabei ist es wichtig, die Saat, behutsam zu hegen, zu pflegen und zu düngen.
- ➢ Ich lasse mein eigenes Potential in mir wachsen und lebe es nach und nach, wenn die Zeit reif dafür ist.
- ➢ Ich werde Nicole anrufen und ihr vom Seasoning-Center erzählen.

In der Zwischenzeit

> Sommer ist Entladung, Reinigung und Klärung. Ich werde zukünftig ‚klärende Gewittermeetings' veranstalten, bei denen sich das ‚Gewitter' zusammenballt, entlädt, verzieht und schließlich wieder die Sonne scheint. Wie ich das konkret umsetzen werde, wird mir noch einfallen.
> Manchmal werde ich es mir auch gönnen, für mich alleine ‚Gewitter' zu zelebrieren.
> Und ... :
> Im Herbstraum werde ich Ma Tu treffen und Genaueres über seine geheimnisvollen Andeutungen erfahren. ...

Das Essen kam und er aß mit Genuss verschiedene leckere Gemüsesorten in schmackhafter Kokosmilchsoße mit Reis.

Nach einer Weile trat Ma Tu, begleitet von einigen Personen in das Restaurant, winkte ihm zu und setzte sich dann an einen Tisch auf der anderen Seite des Raumes. Michael grüßte zurück, überlegte dabei, ob er beim Verlassen des Lokals zu ihm hinübergehen sollte und entschied dann lieber die Begegnung im Herbstraum abzuwarten. Im Hinausgehen lächelte er Ma Tu zu, der das Lächeln verschmitzt erwiderte.

Zuhause setzte er sich in einen bequemen Sessel auf der überdachten Terrasse seines Bungalows, von der aus er auf ähnliche Häuser inmitten von bunten Blumen und duftenden Sträuchern sah. Gemütlich trank er ein paar Tassen von dem Tee, den er sich zuvor zubereitet hatte und ließ den Tag noch einmal Revue passieren.

Auch hier war es heiß, sehr heiß, doch diese Hitze fühlte sich gänzlich verschieden von der europäischen Sommer-

In der Zwischenzeit

hitze an. Sie war feuchter und schwüler. Auch roch der Sommer hier irgendwie würziger.

Bald wurde es dunkel. „Kerzenlicht wäre jetzt hübsch", dachte er sich und ging hinein um sich eine Kerze zu holen. Erst einmal im Haus rieb er sich vorsorglich mit einem Antimückenmittel ein und begab sich dann, mit dem Telefon in der einen, der Kerze in der anderen Hand wieder nach draußen. Dort machte er es sich bequem und überließ sich der Abendstimmung.

Nach einer Weile beschloss er Nicole anzurufen und ihr von der Ausstellung zu erzählen. Den Rest würde er sich ergeben lassen. Darauf zu vertrauen, dass ihm das Richtige zur richtigen Zeit einfiel sowie das Ganze einfach wachsen zu lassen erschien ihm die beste Strategie.
Er wählte die Nummer und ließ es eine Weile klingeln. ... ... Niemand nahm ab. Kurz darauf versuchte er es noch einmal und wieder ging keiner ans Telefon. Sie schien nicht da zu sein.
Nun war er enttäuscht, doch auch etwas erleichtert.

Eine zeitlang blieb er noch draußen, genoss die nun beginnende leichte Abkühlung und das eine wohlige Stimmung verbreitende Sirren der Zikaden.

Wieder drinnen las er noch eine Weile und ging dann früh zu Bett.
Beinahe sofort, der Tag hatte ihn ordentlich müde gemacht, glitt er in einen tiefen, ruhigen Schlaf, aus dem er am nächsten Morgen erfrischt erwachte.

Im Büro war das wöchentliche Meeting angesetzt, bei dem er sofort auszuführen beschloss, was er gestern in der

In der Zwischenzeit

Ausstellung entschieden und was über Nacht noch weitergereift war: ein ‚Vielfalts-Meeting'.

„Wie Sie wissen, war ich gestern wieder in der Ausstellung, diesmal im Sommerraum", begann er. Die anderen nickten. Ein Sommerimpuls hat mich dazu angeregt mit Ihnen gemeinsam etwas auszuprobieren, das, wie ich denke uns allen gut tun und uns sicher in unserer guten Zusammenarbeit noch unterstützen wird. Haben Sie Lust dazu?"

„Na klar", „Wir wollen, doch auch was davon haben" und „Nur zu", war die Resonanz.

„O.k., dann legen wir mal los. Danke für Ihre Bereitschaft, etwas auszuprobieren.

Sommer ist die Zeit der Vielfalt, wie mir bewusst geworden ist.

Seither weiß ich noch mehr die Vielfalt zu schätzen, die wir in unserem Team haben. Diese möchte ich nun gemeinsam mit Ihnen würdigen.

Stellen Sie sich bitte zur Einstimmung vor, jeder von Ihnen wäre eine Blume. Welche wären Sie heute? Es macht gar nichts, wenn Sie sich bei dieser Überlegung etwas komisch vorkommen."

Nach einigem Nachdenken berichtete jeder der Anwesenden, welche Blüte er gewählt hatte. Genannt wurden Margariten, Rosen, Orchideen und andere Blumen, deren Namen Michael nicht kannte und deren Aussehen er sich daher beschreiben ließ.

„Stellen Sie sich nun vor, wir würden alle zusammen einen bunten Blumenstrauß bilden. Wäre das nicht ein wunderhübscher Anblick?

In der Zwischenzeit

Jede dieser Blumen hat besondere Eigenschaften und Merkmale, so wie jeder von Ihnen besondere Fähigkeiten hat."

Einige nickten, andere lachten.

„Diese wundervolle Vielfalt an Begabungen, Fähigkeiten und Eigenschaften ermöglicht genaugenommen erst unsere fabelhafte Zusammenarbeit."

Mehrere Kollegen nickten.

„Lassen Sie uns nun das Folgende tun:" Er legte einen Stapel kleiner Papierbögen auf den Tisch. „Hier haben Sie Blätter. Bitte nehmen Sie sich für jeden von uns einen Bogen Papier."

Die Teammitglieder folgten seiner Aufforderung.

„Bitte schreiben Sie für jeden Kollegen, jede Kollegin und auch für mich auf, auf welche Weise er oder sie unser Team bereichert und damit auf angenehme Art zur Vielfalt beiträgt."

Erstaunte Augen, Lächeln, „Oh je" und „Ach schön" folgten.

Alle fingen sichtlich erheitert, doch auch nachdenklich an, zu schreiben. Auch Michael begann.

„Da habe ich mir ja etwas Kniffeliges ausgesucht", bemerkte er. Bei manchen seiner Mitarbeiter fiel ihm sofort etwas ein, bei anderen musste er länger überlegen. Doch schließlich hatte er für jeden mindestens einen Punkt aufgeschrieben.

In der Zwischenzeit

Als alle fertig waren, sagte er, etwas aufgeregt, weil er selbst natürlich auch nicht ahnen konnte, welche Rückmeldungen ihn persönlich erwarteten, „geben Sie nun bitte jedem Kollegen, jeder Kollegin das, was Sie für ihn beziehungsweise für sie aufgeschrieben haben. Sicher sind Sie alle neugierig und gespannt, welche ‚Geschenke' Sie erwarten – zumindest geht es mir so."

Die anderen konnten dies nur bestätigten.

Mit den Worten „Also gut, dann mal los", machte er, an die Anwesenden gerichtet, eine zugleich auffordernde wie einladende Handbewegung.

Schließlich hatte er, wie jeder der anderen auch, mehrere Papierbögen vor sich liegen und begann etwas nervös zu lesen:

„Ich mag Ihre Art und Weise, begeistert zu sein und dann auch wieder ganz kühl überlegend. Ihre motivierende Art im Umgang mit uns Mitarbeitern schätze ich sehr", stand auf dem einen Blatt.

Und auf einem weiteren „Mir gefällt Ihr Humor, der es angenehm macht, mit Ihnen zusammenzuarbeiten, vor allem, weil Sie diesen auch in scheinbar verfahrenen Situationen behalten."

Außerdem las er „Sie können haarscharf den Finger in die Wunde legen. Das tut anfangs weh, ist dann aber auf Dauer heilsam."

Spaß machte es, diese Bögen zu lesen und zugleich wirkte es anspornend.

Als er sah, dass alle mit dem Lesen fertig waren, sagte er: „Vielen Dank für Ihre Rückmeldungen."

In der Zwischenzeit

Auch die anderen bedankten sich, äußerten, dass sie sich gefreut hätten, dass manches ganz unerwartet gewesen sei und andere ähnlich positive Rückmeldungen.

Michael schloss: „Ich finde dies so angenehm und Sie, wie ich gehört und gesehen habe, auch, dass ich meine, wir könnten unsere Feedbacks ruhig jeder an die Pinwände in unseren Büros hängen. Dann haben wir länger etwas davon. Wie wäre das?"

Dieser Vorschlag fand einhellige Zustimmung.

„Gut, dann lassen Sie uns dies machen.
Das wär's für heute.
Ich danke Ihnen und freue mich sehr darüber, dass wir so angenehme Erlebnisse miteinander teilen können."

„Das war ein glanzvoller Ausklang des Meetings", hörte er und „tolle Idee".

Mit sich selbst sehr zufrieden und auch mit seinem Team, das so begeistert mitgemacht hatte, ging Michael in sein Büro und heftete dort sogleich die kleinen Bögen an seine Pinwand.

Nachdem er einige Akten durchgesehen sowie mehrere Telefonate geführt hatte, war es Zeit zur Baustelle zu fahren, wo er mit dem dortigen Team ebenfalls für heute eine Besprechung anberaumt hatte.

„Warum nicht auch dort die ‚Vielfalts-Idee' erproben?", dachte er sich vom erfolgreichen Vormittags-Meeting ermutigt und motiviert. Er würde es einfach erproben.

In der Zwischenzeit

Wie erhofft wurde auch hier der ‚Vielfalts-Besprechungsabschluss' ein großer Erfolg. Die Menschen fühlten sich ernstgenommen, gesehen und bestätigt.

Michael entschied sofort, dies auch mit seinem nächsten Projektteam in Europa durchzuführen.

Derart angespornt beschloss er, sich bald auch eine ‚Choreografie' für ein Gewitter-Meeting einfallen zu lassen.

Diese würde er allerdings erst in seinem nächsten Team ausprobieren, denn mit den Menschen hier war er nur noch etwas mehr als zwei Wochen zusammen.

Begeistert machte er sich sogleich einige Notizen in sein Seasoning-Buch, das er nun fast immer bei sich hatte.

... Gewitter-Meeting

Wichtige Voraussetzungen:
- ➢ Jeder kann aussprechen, was ihn stört.
- ➢ Dabei herrscht eine gute Atmosphäre.
- ➢ Das Meeting endet in guter, konstruktiver Stimmung und trägt auch langfristig zu einem offenen, angenehmen Arbeitsklima bei.

Ablauf:
- ➢ Jeder überlegt sich, was ihn am anderen stört.
- ➢ Jeder schreibt für sich auf, was er am anderen schätzt.
- ➢ Dann formuliert er für jedes Teammitglied erstens:
- ➢ ‚Es stört mich, dass Sie .... tun und es wäre hilfreich, wenn Sie stattdessen .... machen würden.'
Und zweitens:
- ➢ ‚Ich schätze an Ihnen .... und würde mich freuen, wenn Sie dies auch beibehalten würden.'
- ➢ Dies bekommt der jeweils andere schriftlich.

In der Zwischenzeit

> Danach wird über das Geschriebene gesprochen. Das können Nachfragen zum besseren Verständnis sein oder Verbesserungsideen oder ... .

Ach ja und folgende Feedbackregel werde ich voran stellen: ‚Danke für das Feedback, das du mir gegeben hast. Ich werde es bedenken und frei entscheiden, was davon ich zukünftig umsetzen werde.'

Rahmen:
> Ich setze dafür ein Extra-Meeting an.
> Will ich selbst mitmachen? Ja. Das kann für alle Beteiligten nur nützlich sein.

Ankündigung:
> Wie das Ganze einleiten beziehungsweise ankündigen?
> Ich werde dem Team vom Seasoning-Center erzählen und davon, wie hilfreich ich die Gewitter-Erfahrung erlebt habe.
> Dann stelle ich den Ablauf vor und sage, dass ich selbst auch mitmachen werde. ...

Genau so mache ich es!!!

Er freute sich schon jetzt auf dieses erste Gewitter-Meeting.

Als er abends wieder auf seiner Terrasse saß, wählte er Nicoles Nummer und sie ging gleich nach dem zweiten Klingeln ans Telefon. Michael spürte, wie sein Herz klopfte. „Hallo Nicole! Ich wollte dir gerne erzählen, was ich hier Tolles erlebt habe. Ich war im Seasoning-Center. Du hast wahrscheinlich schon davon gehört?"

In der Zwischenzeit

„Ja, klar. Und du warst dort?! Toll. Wie war es denn? Erzähle doch mal."

Michael berichtete und Nicole fragte so interessiert und begeistert nach, dass sie mehr als eine halbe Stunde plauderten und sich schließlich angeregt voneinander verabschiedeten. Beim Auflegen hatte Michael das Gefühl, dass sie mit diesem Telefonat eine vielversprechende Basis gefunden hatten. Sie hatten zwar weder von Liebe noch von Beziehung gesprochen, doch beides war für ihn spürbar gewesen und, wie er vermutete, für Nicole ebenfalls.

Optimistisch und beschwingt ging er zu Bett und schlief mit liebevollen Gedanken an Nicole ein.

Die nächsten Tage fühlte er, wie das ein oder andere in ihm reifte und wuchs.

Angenehm gelaunt freute er sich schon auf den Herbstraum, den er in wenigen Tagen besuchen würde. Doch bis dahin wartete noch viel Arbeit, teils interessante, teils langweilige, teils herausfordernde, teils abwechslungsreiche auf ihn.

In der Zwischenzeit

Impulsfragen

Wie haben Sie Ihre Erkenntnisse aus dem Sommerraum im Alltag umgesetzt?

Welche erfreulichen Erfahrungen haben Sie dabei gemacht?

Im Herbstraum

Im Herbstraum

Heute war ‚sein' Herbsttag.

Vorsichtshalber nahm er einen dicken Pulli sowie eine warme Jacke mit, denn er wusste aus Erfahrung, wie kühl der Herbst sein konnte.

Im Seasoning-Center angelangt, zeigte er routiniert sein Ticket vor, gab seinen Codenamen sowie ‚Herbstraum' in den PC ein und nahm den Kopfhörer entgegen. Dann öffnete er die Tür mit der Aufschrift ‚Herbstraum' und ging hindurch.

Sogleich befand er sich in einer Kastanienallee, in der sich alle Bäume im prachtvollen, gelben Herbstkleid zeigten. Einige schon zu Boden gefallene Blätter raschelten unter seinen Füßen. Nach kurzem Suchen fand er einige Kastanien und hob sie allein deshalb auf, weil sie sich, wie er aus Erfahrung wusste, so wundervoll glatt anfühlten. Für Kastanien hatte er, schon seit er denken konnte, eine gewisse Vorliebe.

Der Himmel war bewölkt, doch die Luft angenehm warm. Hier und da entdeckte er die ersten Pilze zwischen den Bäumen.

Ernten

„Herbst ist die Zeit der Ernte", ließ sich die Stimme in seinem Ohr vernehmen. „Sie sind eingeladen sich auf der Bank dort vorne niederzulassen und über Ihre persönliche Ernte nachzudenken."

„Meine persönliche Ernte", dachte Michael und beschleunigte seinen Schritt. Er setzte sich und wartete gespannt darauf, wie es wohl weitergehen würde.

„Wenn du gesät hast, dann denke auch daran, die Ernte einzufahren", hörte er.

Im Herbstraum

„Oft vergessen die Menschen, mit Bedacht zu ernten. Sie säen zwar, doch nehmen sie die Ergebnisse als so selbstverständlich wahr, dass sie diese kaum beachten oder es versäumen, sie bewusst zu ernten.

Was konnten Sie in diesem Jahr bereits ernten? Oder vielleicht auch schon seit Ihrem Besuch im Frühlingsraum?"

Michael schlug nach kurzem Nachdenken sein Seasoning-Buch auf und schrieb hinein:

... Was habe ich geerntet in diesem Jahr und seit dem Frühlingsraum?

- ➢ Interessante Erfahrungen in Autun.
- ➢ Nette Menschen kennen gelernt.
- ➢ Meinen Horizont erweitert.
- ➢ Bisher guter Projektverlauf.
- ➢ Bin mir klar geworden über meine Gefühle gegenüber Nicole.
- ➢ Ich weiß jetzt, dass ich überall Fuß fassen kann.
- ➢ Bin mir meiner eigenen Gefühlsvielfalt bewusst geworden.
- ➢ Habe entdeckt, dass in mir großes Potential steckt und entschieden, dass ich dieses auch leben werde.
- ➢ Erfolgreiche Vielfalts-Meetings und so weiter und so weiter ...

Er schrieb und schrieb und schrieb und war erstaunt, wie viel ihm dabei einfiel.

Die Stimme hatte recht gehabt: Oft hatte er einfach nicht daran gedacht, seine Ernte bewusst wahrzunehmen beziehungsweise sie zu würdigen.

Im Herbstraum

Danken und sich All-Eins-Fühlen

„Und dafür zu danken."

„Wie bedanken? Bei wem bedanken?"

„Nehmen Sie sich doch einen Augenblick Zeit, eine der Kastanien, die Sie vorhin aufgehoben haben, näher zu betrachten."

Michael nahm eine in die Hand, bewunderte das satt schimmernde, wie poliert wirkende, rötliche Braun ihrer Schale und fragte sich, worauf das Ganze hinauslief. Was sollte das mit ‚Danken' zu tun haben?

„Bitte denken Sie darüber nach, was alles dazu beigetragen hat, dass diese Kastanie nun in Ihren Händen liegt."

Die Stimme schwieg und so wartete Michael auf ‚Eingebungen', wie seine Großmutter immer zu sagen pflegte.

„Also, wie kam die Kastanie in meine Hand?", fragte er sich energisch mit dem Wunsch, Antworten zu finden.
Erstens einmal hatte er sie wahrgenommen. Damit er sie wahrnehmen konnte, musste er die Augen öffnen, sie finden wollen sowie daran glauben, sie finden zu können, wie die Geschichte mit der Kräuterfrau zeigte.

Wie war die Kastanie entstanden? Der Baum hatte sie reifen lassen. Dieser benötigte, um Kastanien erzeugen zu können, Wasser und Sonne sowie bestimmte Nährstoffe. Dunkel erinnerte er sich an einen Prozess namens ‚Photosynthese' und dass Pflanzen dazu Kohlendioxid benötigten. Letz-

Im Herbstraum

terer entstand wiederum bei der Ausatmung von Menschen und Tieren.

Das Ganze fing an, ihm Spaß zu machen: „Dies wird ja richtig komplex!"

„Wie kam es, dass dieser Kastanienbaum hier wuchs", fragte er sich weiter. „Einfach nur angeflogen war er hier in einer Allee bestimmt nicht. Sicher war er gezielt angepflanzt worden, nachdem er in irgendeiner Baumschule gezogen worden war.

Wie?

Wahrscheinlich ließen die Gärtner dort Kastanien keimen. Oder konnte man Kastanienbäume aus Stecklingen ziehen?"

Er entschied sich für die Keim-Variante, da diese ihm wahrscheinlicher vorkam.

„Demnach musste jemand mit Bedacht Kastanien gesammelt und diese zum Keimen vorbereitet haben. Bei einer dieser Kastanien klappte es und! sie begann zu treiben!" Michael erfreute sich an dieser Vorstellung.

„Dann musste dieser kleine Trieb gehegt und gepflegt werden. Musste in ein kleines Töpfchen gegeben und schließlich, wenn er größer geworden war, in einen größeren Topf umgepflanzt werden.

Später wurde er in die Erde in eine Reihe mit anderen kleinen Kastanien gesetzt, die regelmäßig Wasser und Dünger sowie hier und da ein abgestorbenes Ästchen entfernt bekamen.

Schließlich war es soweit und das kleine Kastanienbäumchen wurde zusammen mit anderen hier eingepflanzt, um hundert Jahre später oder vielleicht auch mehr, hier zu stehen und reife Kastanien zu Boden fallen zu lassen!"

Im Herbstraum

Er spürte, wie ihm im Laufe seiner Schlussfolgerungen die Kastanie samt Kastanienbaum lieb und kostbar geworden war.

„Die ersten Jahre, während der Baum hier wuchs, hatte er vermutlich spezielle Dünger und die besondere Pflege des Försters gebraucht. Mit den Jahren war er dann widerstandsfähiger geworden.

Vielleicht gibt ein Förster manchen Bäumen sogar Namen? Ich würde ‚meinen' Kastanienbaum ‚Frederike' nennen", fiel ihm spontan ein. „Welch' eine alberne Idee", belächelte er sich sogleich selbst.

„Die Bedürfnisse der Menschen habe ich bisher vergessen! Förster und Mitarbeiter der Baumschule brauchten selbst einiges, um zu entstehen, zu leben sowie ihre Arbeit tun zu können. Sie benötigten Essen, Trinken, ‚ein Dach über dem Kopf' und Ausbildung. Außerdem waren deren Eltern notwendig, die sie gezeugt sowie geboren hatten und wiederum deren eigene Eltern und so weiter und so fort. Würde ich diesen Vorgang auf logische Weise zurückverfolgen, würde ich bei den Einzellern und wer weiß wo enden."

An dieser Stelle seiner Gedankenfolge wurde es ihm schwindelig zu Mute. So hielt er damit ein und nahm einen anderen Faden seiner Überlegungen wieder auf:

„Weiter waren dann Bäcker, Bauern und Lehrer beteiligt, die natürlich auch wiederum ihre Eltern sowie deren Eltern ... dazu benötigten, um überhaupt existieren zu können.

Dass ich selbst schließlich hier genau an dieser Stelle im Seasoning-Center eine Kastanie aufnehmen konnte, verdanke ich meiner Firma hier wie in Europa, meinem Studium, den entsprechenden Dozenten, dem Staat, der mich immer-

Im Herbstraum

hin etwas gesponsert hat, zudem meinen Eltern und so weiter ..."

Die Basis für Essen und Trinken waren die Jahreszeiten, wie ihm als krönender Abschluss einfiel. „Diese Mischung aus Sonne, Wind und Regen. Oh und um atmen zu können brauchen die Menschen Sauerstoff, der wiederum aus der Photosynthese der Pflanzen entstand! Damit schließt sich der Kreis.

Außerdem ist noch zu bedenken, dass die Luft aus Molekülen besteht, die alle schon vor Abertausenden von Jahren abwechselnd aus- und eingeatmet wurden! Vielleicht habe ich gerade ein Molekül eingeatmet, das Einstein irgendwann einmal ausgeatmet hat oder sonst wer ‚Bekanntes' ", schmunzelte er.

„Nein, es gibt noch jemanden: die Erfinder und Gestalter der Ausstellung, des Seasoning-Centers!

Wie konnte ich diese nur vergessen! Außerdem die Medien, die diese Ausstellung publik gemacht, meine Kollegen, die mir davon erzählt haben, sowie Nicole, die es mir durch unser Beziehungsfiasko leicht gemacht hat, nach Autun zu gehen."

Er war stolz auf seine Gedankenleistung und voller Respekt für die kleine Kastanie sowie den großen Kastanienbaum. Ihm war voller Dankbarkeit bewusst: Die ganze Welt war auf komplexeste und doch ganz einfache, natürliche Art und Weise daran beteiligt, dass diese Kastanie möglich war, das alles möglich war. Alles was existiert und existierte ist mit der ganzen Welt verbunden.

Im Herbstraum

Es dauerte eine ganze Weile bis er diesen Gedanken voll in sich aufgenommen, begriffen und verstanden hatte, so überwältigend war dieser.

„Das meinen die Weisen, wenn sie sagen ‚Alles ist eins' ", ging ihm staunend auf.

„Genau. Alles ist Eins. Das lehrt das Ernten und damit der Herbst. Alles ist eins. Dies werden Sie auch feststellen, wenn Sie sich nun einen Teil Ihrer persönlichen Ernte genauer ansehen."

Michael las nach und entschied sich für: ‚Bin mir klar geworden über meine Gefühle gegenüber Nicole'.

„Also, daran waren die Ausstellung beteiligt sowie deren Erfinder, Gestalter und Umsetzer von der ersten Idee bis zu den Menschen, die die Räume sauber hielten. Weiterhin meine Firma, Nicole und mein Sprachlehrer, der mich die hiesige Sprache gelehrt hat." Da all diese Leute die Voraussetzung zum Leben brauchten, gelangte er wie vorhin bei der Kastanie wieder zu den Vorfahren, Essen, Trinken, Ausbildung, Wind, Wetter, Sonne, Luft und natürlich zu den Jahreszeiten.

„Ja, tatsächlich: Alles war und ist eins."

Er war sehr dankbar und ihm wurde bewusst, wie ‚ergriffen' er jetzt war. Er fühlte sich mit ‚allem, was ist' verbunden, mit allem eins.

So saß er eine lange kurze lange Zeit.

Die ‚Wunderkastanie', durch die ihm all dies klar geworden war, ließ er in seine Hosentasche gleiten, blickte verabschiedend auf ‚seinen' Kastanienbaum und stand auf.

Im Herbstraum

Seine Dankbarkeit für die reiche Ernte wollte er, bevor er nach Europa zurückging, auch seinen Projektmitgliedern und Kollegen zeigen, beschloss er. „Warum nicht ein Erntedankfest feiern?!" Der Gedanke begeisterte ihn.

Das raschelnde Geräusch der Blätter unter seinen Füßen ging er bis zum Ende der Allee.

Wandlungsfähigkeit leben

Dort hatte er einen offenen Blick auf Felder und einen Wald.
Die Luft war klar und rein. Sonnenstrahlen wärmten ihn angenehm. Einige Spinnweben gaukelten durch die Luft. Hier und dort zirpte eine Grille. „Altweibersommer", dachte er.
Die Felder waren alle abgeerntet. Hier sah er auf umgepflügte Erde, die Ackerschollen aufgebrochen, braun, feucht, fast ölig schimmernd, dort auf Stoppelfelder. Er hörte den Schrei eines Raubvogels und als er sich umsah, entdeckte er ihn, Kreise ziehend, hoch in der Luft. Bei diesem Anblick fiel ihm die beeindruckende Erfahrung im Frühlingsraum ein, als er selbst ‚seine' Flügel und damit sein Potential ausgebreitet hatte.

Wie er so um sich schaute, fühlte er sich von einem nahegelegenen Laubwald mit gelb, rot und golden leuchtenden Blättern angezogen und ging auf ihn zu. Dieses farbenprächtige Schauspiel hatte er schon immer geliebt und bewundert, doch wann hatte er sich zuletzt Zeit genommen, es intensiv zu betrachten und zu genießen? Schon lange nicht mehr.
Ab sofort würde er sich dies jeden Herbst gönnen!

Im Herbstraum

„Dieses Schauspiel ist nicht nur bewundernswert, es liefert Ihnen außerdem den Impuls der ‚Wandlungsfähigkeit': grüne Blätter verwandeln sich im Herbst auf erstaunliche Weise in gelbe, rote, orange oder ockerfarbene Lichtpunkte.

Auch Sie selbst besitzen Wandlungsfähigkeit. Gleich wird Ihnen klar sein inwiefern."

Michael fiel weiterspazierend alsbald dazu ein, dass er, je nach Situation, sowohl ein stiller Beobachter, als auch ein lebhafter Unterhalter sein konnte. Er hatte sich von einem kleinen Säugling in einen erwachsenen Mann verwandelt. Sein Äußeres hatte sich über die Jahre hinweg sehr verändert bis hin zu seiner Frisur, die leider inzwischen an der Stirn etwas spärlicher wurde. Auch seine Interessen und Meinungen unterlagen einem Wandel. Zudem war er es gewohnt in verschiedene Rollen zu schlüpfen: Die Rolle des Vorgesetzten, die Rolle des Sohnes, des Geliebten, des Freundes und so weiter.

„Stellen Sie sich vor, Wandlungsfähigkeit wäre eine bedeutende Gabe. Welchen Wert hätte diese für Ihr Leben?"

Welchen Wert hatte Wandlungsfähigkeit für sein Leben? Er dachte nach.

Letztendlich war Wandlungsfähigkeit gleichbedeutend mit Flexibilität. Diese wiederum ermöglichte es ihm mit den verschiedensten Situationen zurecht zu kommen.

„In welchen Situationen möchten Sie jetzt oder zukünftig diese Flexibilität ganz bewusst nutzen?"

Dann, wenn etwas nicht so klappte, wie er wollte und er stattdessen ein neues Ziel ins Auge fassen musste. Hatte er beispielsweise Appetit auf chinesisches Essen in seinem

Im Herbstraum

Lieblingsrestaurant und stellte sich dieses als geschlossen heraus, wäre es sehr nützlich diesen Appetit in Lust auf Pizza verwandeln zu können.

Wandlungsfähigkeit beziehungsweise Flexibilität schien ein sehr gutes Mittel zu sein, um mit Ärger oder Enttäuschung umzugehen. Letztendlich ergab sich daraus Gelassenheit und diese war ihm sehr wichtig.

„Wie wollen Sie diese Erkenntnis zukünftig nutzen?"

„Wenn ich mich über etwas ärgere oder enttäuscht bin, werde ich mir überlegen, was es für Alternativen gibt und mir diese schmackhaft machen. Schließlich ist alles eine Frage der Sichtweise!", entschied er.

„So ist es."

Michael war überzeugt, dass sein Leben durch diese Herangehensweise noch bunter und angenehmer werden würde.

Nun war ihm nach einer kleinen Pause zu mute. Hier im Wald, in dem er inzwischen angekommen war, war es allmählich kühl geworden, so dass er sich zu einer Rast nicht einfach auf den Boden setzen konnte. „Wäre das wundervoll, wenn es hier ein Café geben würde", dachte er bei sich.

„Wenn Sie eine Pause machen möchten, erreichen Sie unser Herbstcafé in etwa zwei Minuten, indem Sie dem Feldweg nach links folgen", bot ihm seine Kopfhörerstimme daraufhin freundlicherweise an.

Michael malte sich in seiner Phantasie aus, wie es wäre, wenn er immer bei Bedarf so eine Ohrstimme aktivieren könnte.

Im Herbstraum

Wenn er es recht bedachte, war seine eigene Intuition letztlich etwas Ähnliches! Er brauchte sich nur zu entschließen, mehr auf sie zu hören. Zukünftig würde er dies auch tun.

Das Café, in dem es angenehm warm war, hatte er alsbald gefunden. Klassische Musik ertönte hier. Der Anblick mehrerer Körbe gefüllt mit orange-farbenen Kürbissen, gelben Maiskolben und rotwangigen Äpfeln, die an einigen Stellen im Raum verteilt waren, sowie der Duft der letzteren schufen eine durch und durch herbstlich-gemütliche Atmosphäre.

Erleichtert, sich aufwärmen zu können, setzte er sich an einen Tisch in der Ecke und bestellte Kaffee. Bald kam das heißersehnte Getränk ebenso heiß an. Nachdem er ausgiebig Zucker und Milch hinzugegeben hatte, nippte er genießerisch.

Kaum war er beim zweiten Kaffee angelangt, öffnete sich die Tür des Cafés und herein kam: Ma Tu.

„Ach je, den habe ich ganz vergessen!", durchfuhr es ihn. Im ersten Moment schwankte er zwischen dem Gefühl, sich gestört zu fühlen und dem Gefühl des Erfreut-seins.

Ma Tu ging lächelnd auf ihn zu: „Na, habe ich es nicht gesagt: Wir sehen uns im Herbstraum wieder! Und hier treffen wir uns nun tatsächlich! Ist es in Ordnung, wenn ich mich zu Ihnen setze?"

Michael, in dem inzwischen das erfreute Gefühl gewonnen hatte, sagte, dass er sich freue ihn zu sehen und dass er sich gerne dazugesellen könne.

Ma Tu bestellte Tee und bald saßen sie beide, hin und wieder trinkend, einander gegenüber und erzählten sich das eine und andere Erlebnis aus den verschiedenen Räumen.

Im Herbstraum

Sie waren erstaunt manches Ähnliche, doch auch ganz und gar Verschiedenes erlebt zu haben.

Michael fragte sich insgeheim, weshalb Ma Tu gerade auf seine Anwesenheit wert zu legen schien. Bereits bei ihrem ersten Zusammentreffen hatte dieser eine Idee angedeutet, dann kam das Erlebnis auf der Löwenzahnwiese und später die Ankündigung des heutigen Treffens. Seiner Neugier nachgebend, beschloss er dies direkt anzusprechen. Höflichkeit hin oder her, er wollte es jetzt wissen.

„Ma Tu", begann er, „ich bin inzwischen sehr neugierig geworden durch Ihre Andeutungen von einer Idee, die mit mir zu tun haben soll und durch dieses Erlebnis auf der Löwenzahnwiese. Was hat das alles zu bedeuten?"

„Ich habe eine Vision, die, soweit kann ich Ihnen das jetzt schon sagen, mit dem Seasoning-Center zusammenhängt. Bereits bei unserem ersten Zusammentreffen im Zieleraum hatte ich das Gefühl, dass Sie der Richtige dafür sind. Meine Vorstellung muss noch ein wenig reifen, doch ich verspreche Ihnen, bald ist es soweit und ich kann Ihnen mehr darüber erzählen."

„Im Winterraum?", lachte Michael auf's Geratewohl.

„Ja, im Winterraum", bestätigte Ma Tu ernsthaft.

„Wie kommt es, dass wir immer zur gleichen Zeit, die selben Räume besuchen?"

„Nun, das lässt sich wahrscheinlich ganz leicht erklären: Wir hatten wohl beide den Gedanken, die Räume jeweils mit Wochenabstand zu erleben. Sie besuchen den Winterraum doch auch am nächsten Sonntag, oder?"

„Stimmt genau."

Im Herbstraum

„Also, dann erfahren Sie Sonntag Näheres."

„Ich freue mich schon darauf. Sehr sogar."

„Ich mich auch", erwiderte Ma Tu warm.

Sie bezahlten und gingen nach draußen. Ma Tu bog nach rechts ab, Michael nach links zurück zu dem herbstlichbunten Laubwald.

Na dann mal sehen, welche Idee Ma Tu hatte! Sollte er ihm etwa Anlagen planen? Oder hatte das Ganze etwas mit seinem Potential zu tun? „Das Leben ist wirklich spannend, überraschend und abwechslungsreich", befand er.

Innerlich erwärmt durch den Kaffee und das anregende Gespräch freute er sich auf einen weiteren Herbstimpuls. Er war neugierig darauf, was jetzt auf ihn zukommen würde.

Sich im Loslassen üben

Im Laubwald angekommen, nahm er sich Zeit durch die Baumkronen nach oben zu blicken und zu bewundern, wie herrlich der blaue Himmel zum Gelb der Blätter kontrastierte. Dann ließ er seinen Blick zur Erde schweifen und entdeckte braune Bucheckern, hellgrüne Eicheln sowie hellbraune, weiße und gelbe Pilze. Die Vögel zwitscherten und er hörte das Knistern seiner Schritte auf dem Waldboden.

„Der Herbst ist auch die Zeit des Loslassens", hörte er seine Ohrstimme sprechen. „Die Bäume werfen nun ihre Blätter ab. Die Energien ziehen sich zurück in Äste, Stamm und Wurzeln. Die Blätter fallen, es ist Herbst."

Im Herbstraum

Tatsächlich, hier und dort sah Michael Blätter sanft hinabsegeln, sich dabei in der Luft um ihre eigene Achse drehend, bis sie den Boden erreichten. Der Baum links von ihm ließ gleich mehrere Blätter gleichzeitig los. Wie ein Blätterballett sah dies aus.

Michael ging in Gedanken versunken weiter ...

... bis er aus seinem Kopfhörer eindringlich „Vorsicht! Bleiben Sie stehen", hörte!

Erschrocken hielt er inne. Sogleich konnte er feststellen, dass die Warnung berechtigt war: Vor ihm tat sich ein tiefer Abgrund auf. Oder vielmehr, wie er bei genauerem Hinsehen erkannte, eine Art Wald-Amphitheater: Ein großes Rund, in dem es anstelle der sonst in einem solchen Theater üblichen Steintreppen von Moos und Flechten bewachsene ‚Erdstufen' gab. Auf diesen saßen teils vereinzelt, teils in Gruppen in Gelb, Braun, Rot oder Ocker gewandete Menschen, die in diesen Farben wie zu Boden gefallenes Herbstlaub wirkten.

Neugierig begann er Stufe um Stufe hinabzusteigen. Alsbald kamen ihm zwei in Rot und Ocker gekleidete Männer entgegen, die seinen Körper stumm in gelbe Tücher hüllten und ihn anschließend durch Gesten einluden Platz zu nehmen.

Noch nicht einmal ahnend, was diese Maskerade zu bedeuten hatte, doch sehr neugierig auf das, was da kommen möge, ließ sich Michael gerne auf einer der angebotenen Moosstufen nieder. Glücklicherweise war diese, wie er sogleich feststellte trocken und warm.

„Vielleicht ist hier eine Art ‚Waldbodenheizung' eingebaut", überlegte er bei sich.

Im Herbstraum

Nun erkannte er auch, dass im unteren Rund, auf der Bühne sozusagen, ein gelblich-orange-gekleideter Greis im Schneidersitz saß, der einen spitzen Hut im selben Farbton trug und damit wie ein überdimensioniertes Blatt aussah. Er schien etwas vorzutragen und dies wohl schon seit einer Weile, denn die anderen Besucher blickten aufmerksam und wie gebannt zu ihm hin.

Neugierig wandte er sich flüsternd an seinen Sitznachbarn: „Was erzählt er?"

„Er hat gerade die ‚Herbstlaubgeschichte' begonnen", gab dieser genauso leise zurück.

Michael dankte für die Auskunft und ließ sich dann auf die angenehm warm und samten klingende Stimme des Greises ein.

Die Herbstlaubgeschichte

„... diese Frau mittleren Alters also, fiel in das, was man heutzutage eine Depression zu nennen pflegt: Ihr Kopf war gesenkt, die Schultern nach vorne gekrümmt, ihr Schritt müde und ihre Augen hatten das Feuer verloren ... ."

Michael wusste nicht, ob es an der eindringlichen Erzählweise des Mannes lag oder ob wieder einmal eine technische Finesse dahinter stand, jedenfalls sah er diese Frau ganz deutlich vor sich.

„... Wie kam es, dass sie sich so schwer und müde, so ohne jeglichen Elan fühlte?

Im Herbstraum

Sie hatte eben ihren fünfzigsten Geburtstag gefeiert und fragte sich: „Jetzt ist die Hälfte meines Lebens vorbei und was habe ich geschafft? Wem war ich von Nutzen gewesen? Die Jahre der Jugend einfach vorbei und nun?"

Solcherart waren ihre Gedanken und je mehr sie davon dachte, desto mehr beugten sich ihre Schultern, desto gesenkter und müder wurde ihr Blick.

Ihre Bekannten und Freunde versuchten sie zu trösten und aufzurichten: „Schau doch hin: Du hast ein Kind großgezogen, kannst auf berufliche Erfolge zurückblicken und hast sicher noch eben so viele Jahre vor dir."

Doch die Frau vermochte nur an die unwiederbringlich verlorene Zeit zu denken.

Eines Tages ging sie trostlos und mit sich selbst und ihrem Leben hadernd im Wald spazieren.

Es war Herbst.

Die Blätter waren bunt gefärbt und als ob sie ihn bestellt hätte, lag passend zu ihrer niedergedrückten Stimmung samtiger, weißer Nebel über Bäumen und Sträuchern. Die Luft legte sich sanft, weich und satt um sie. Es roch nach Moos und Feuchtigkeit. Dabei war es so still, als ob der Wald schliefe oder aufmerksam lausche. Vielleicht auf den Klang ihrer Schritte, die das herabgefallene Herbstlaub zum Rascheln brachten.

In diesem Nebel fühlte sie sich erstaunlich geborgen ... ."

Auch Michael vermeinte plötzlich Nebelschwaden herabsinken zu sehen und fragte sich, ob diese tatsächlich existierten oder seiner Phantasie entsprungen waren. Da bemerkte er, dass sich seine Jacke klamm anfühlte. So konnten

Im Herbstraum

die Mitarbeiter des Seasoning-Centers offensichtlich neben Gewittern auch Nebel herstellen!

„… bis sie auf einen anderen Spaziergänger traf …", drang wieder die Stimme des Erzählers an sein Ohr, der nun nicht mehr saß sondern in immer enger werdenden Kreisen umherging, wodurch seine Erzählung noch mehr an Eindringlichkeit und Anziehungskraft gewann.

„… Dieser war etwa Mitte Dreißig und sah, obgleich er um einiges jünger war als sie, wie ein Spiegelbild ihrer selbst aus: Sein Kopf war gesenkt, die Schultern hingen herab und sein Blick war matt und freudlos.

„Sie sehen aus, als ob Sie sich ähnlich fühlten wie ich", sprach sie ihn an, „doch Sie sind noch so jung."

„Jung nennen Sie das? Ich fühle mich alt und verbraucht. So viele Jahre habe ich schon gelebt und was bleibt? Hier und da eine Erinnerung und was sonst? Nichts kann man festhalten, keinen Augenblick. Nichts ist für immer. Ständig verändert sich alles", klagte er.

Wie sie so miteinander sprachen, kam ihnen ein sehr alter Mann entgegen, der in gelblich-orange-farbene Tücher gekleidet war und einen spitzen Hut im selben Farbton trug, so dass er aussah wie ein zu Boden gefallenes Blatt.

„Was blast ihr Trübsal", fragte er sie, „wegen eurer verlorenen Jahre? Alles muss losgelassen werden im Leben. Hört und seht selbst."

Mit einem Mal entdeckten sie etwas vor sich, das aussah wie ein Wald-Amphitheater mit moos- und flechtenbewachsenen Stufen, auf denen hier und da Herbstlaub lag. Einige der Herbstblätter schienen auf wundersame Weise in Ge-

Im Herbstraum

spräche versunken, die die beiden erstaunlicherweise mit anhören konnten:
„Da machen sich die Menschen Gedanken über das, was sie verloren haben. Sie sollten lieber uns Gehör schenken."

Ein anderes Blatt ergänzte „wenn wir am Alten festhalten, entsteht nichts Neues."

Michael wusste nun nicht mehr in welcher Geschichte er sich befand:. Er sah und spürte sich selbst in diesem Amphitheater, erblickte die Frau, den Mann sowie den Greis und fühlte sich zugleich von innen heraus gedrängt als Blatt zu sprechen:
„Ich habe Platz gemacht für Neues. Im Frühjahr werden neue Blätter nachkommen. Diesen habe ich sozusagen den Weg vorgebahnt."

Ein weiteres Blatt schaltete sich ein: „Im großen Ganzen macht alles seinen Sinn. Hat alles seinen Nutzen. Habt Vertrauen, lasst die Vergangenheit los. Das Neue, Unerwartete, sehnsuchtsvoll Erträumte wartet schon auf euch."

„Hört auf euch an die alten Erinnerungen und Gefühle zu klammern. Sie halten euch nur davon ab neues zu erleben, euren Horizont zu erweitern, über euch selbst derart hinauszuwachsen, wie ihr es vielleicht nie für möglich gehalten hättet. Jeder Abschied ist zugleich ein Neubeginn", ertönte nun von einer anderen Seite.

Ein weiteres Blatt fügte hinzu: „Alles, was war, hatte seinen Sinn."

„Erst durch das Gewesene", sprach ein anderes „wird das Heute und Morgen möglich. Den großen wahren Sinn unseres Lebens können wir erst am Ende desselben erfassen.

Im Herbstraum

Erst dann haben wir den Überblick über all die Jahre. Oder vielleicht erfassen nicht einmal wir selbst ihn, sondern andere, die unser Lebenswerk betrachten. Denn wir selbst sind Teil davon und welcher Teil eines Dinges kann schon zugleich das Ganze betrachten? Kann ein Tischbein den Tisch erfassen? Ein Rosenblatt die ganze Blüte?"

„Die wahre Schönheit eines Lebens offenbart sich erst an seinem Ende. Wenn die Kerze erlischt, bemerkt man erst das Licht, das durch sie entstand", ergänzte das Blatt, das bereits zuvor gesprochen hatte.

„Daher lebt euer Sein mit Leichtigkeit. Wie Haare und Hautschuppen sich lösen und durch neue ersetzt werden, werden alte Erinnerungen von neuen abgelöst", ergänzte ein anderes.

„Und in allem wirkt ein geheimnisvoller Sinn. Habt Vertrauen!",

hörte Michael sich selbst hinzufügen

Die Frau und der Mann sahen sich an und mussten lachen. Ihre Schultern strafften sich, ihre Köpfe hoben sich und ihre Augen leuchteten. Wieder wirkten sie wie Spiegelbilder.

Als sie sich umschauten, erblickten sie gerade noch den ‚Blattmann', der zwischen den Bäumen davonging. Das Amphitheater war fort und an seiner Stelle war wieder der Weg zu sehen. Der Weg, der nun wesentlich heller und glänzender als zuvor schien.

Die Frau und der Mann gingen heiter jeder zu sich nach Hause und lebten ihr weiteres Leben voller Vertrauen in der Gewissheit, dass nur eines beständig ist: die Veränderung."

Im Herbstraum

Michael fand sich wieder auf dem Waldweg, rieb sich verwundert die Augen und fragte sich einmal mehr, was real war und was seiner Phantasie entsprungen. Da entdeckte er, dass er immer noch mit den ockerfarbenen Tüchern bekleidet war. Lächelnd löste er diese und hängte sie über einen Ast.

Beschwingt und auf wundervolle Weise gelöst und frohen Mutes ging er weiter.

„Ja, die Blätter haben wahr gesprochen", dachte er bei sich. Er musste die Vergangenheit mit Nicole zuerst loslassen, damit eine neue Gegenwart und Zukunft möglich war. Für ein halbes Jahr hatte er sich von Europa verabschiedet und den Schritt nach Asien gewagt. Jetzt würde er sich auch hiervon wieder lösen.

Alles, was er erlebte, war der Wegbereiter für den nächsten Schritt. Nichts währte ewig außer der Veränderung.

Wenn er es sich recht überlegte war seine ‚Sinnkrise', die ihn nach Asien getrieben hatte, letztendlich durch ein mangelndes Loslassen verursacht worden. Es war wichtig gewesen sich von dem Altvertrauten zu lösen und sich neue Schritte zuzutrauen. Es hatte sich gelohnt.

Zukünftig würde er darauf achten zur rechten Zeit Altes in seinem Leben los- und Neues zuzulassen.

So würde er lebendig bleiben und immer weiter wachsen, dessen war er sich nun sicher.

„Loslassen kann auch bedeuteten, sich von alten Verhaltensmustern und inneren Glaubenssätzen zu verabschieden, die sich längst überlebt haben oder uns nur noch im Wege stehen", hörte er nach einer Weile wieder die Stimme in seinem Ohr.

Im Herbstraum

Als diese verklang, sah Michael vor sich eine kleine Lichtung, in deren Mitte ein Feuer brannte, an dem eine alte Frau in Tücher gehüllt saß. Michael ging näher.

„Herzlich Willkommen", rief sie.

Michael grüßte zurück.

„Setzen Sie sich doch zu mir an das Feuer."

Dankend nahm er auf der angebotenen Decke Platz.

„Sehen Sie in die Flammen".

Michael schaute hinein. Rot, gelb und violett züngelte es dort so heiß auf, dass er seine Jacke öffnete und sie kurze Zeit später ganz ablegte.

„Das Feuer reinigt und klärt. In manchen Kulturen gibt es den Mythos der Feuerprobe, in dem es heißt: Jemand, der die Wahrheit spricht, kann unversehrt durchs Feuer gehen. Doch ich schweife ab."

Michael fragte sich wovon?

„Wir haben nun Herbst." Die Frau machte eine weitausholende Bewegung, die den Wald, die Lichtung sowie alles darin und darum umfasste. „Herbst ist die Zeit des Loslassens, in der wir uns auch von Verhaltensmustern oder Glaubenssätzen befreien können, die uns hinderlich geworden sind oder die wir einfach überlebt haben, wie Kleider, aus denen wir herausgewachsen sind. Herbst ist übrigens auch eine gute Zeit, um Wohnung und Kleiderschränke zu entrümpeln. Altes verabschieden. Sie verstehen?" Ohne eine Antwort abzuwarten sprach sie weiter. „Doch ich schweife wieder ab. Was gibt es für Glaubenssätze oder Verhaltensmuster, die Sie nun loslassen möchten?"

„Ich verstehe nicht ganz, was Sie meinen?"

„Ach das macht gar nichts, ich erkläre es Ihnen gerne. Verhaltensmuster, die man loslassen will, könnten zum Beispiel sein, ‚sich selbst gewohnheitsmäßig zu kritisieren' oder ‚zuviel Verantwortung für andere zu übernehmen'. Glaubenssätze, die man loslassen will, könnten sein ‚ich muss immer alles perfekt machen', ‚ich muss es immer allen Recht machen' oder ‚das Leben ist hart'. Das mit dem Perfektionismus und dem Kritisieren wird übrigens besonders gerne und oft genommen, wie ich feststellen kann. Es gibt natürlich auch sehr positive und förderliche Glaubenssätze wie zum Beispiel: ‚alles geschieht zur rechten Zeit', ‚ich liebe mich so, wie ich bin' oder ‚ich tue, was ich kann und den Rest lasse ich mir schenken', was übrigens schon fast ein Loslass-Satz ist, im übertragenen Sinne, wenn Sie wissen, was ich meine."

Klar und strukturiert zu informieren, schien nicht gerade die Stärke dieser Frau zu sein, dachte er bei sich.

„Verhaltensmuster, die oft als positiv bewertet werden, sind beispielsweise, ‚mit sich selbst liebevoll umzugehen' oder ‚sich selbst und andere ernst zu nehmen'.
Doch natürlich haben auch alle scheinbar negativen Glaubenssätze und Verhaltensmuster ihr Gutes und Nützliches, jetzt immer noch oder zumindest in der Vergangenheit. Beispielsweise, sich selbst ständig zu kritisieren, kann dazu führen, dass man sich immer weiter verbessern möchte und dies wiederum kann persönliches Wachstum zur Folge haben. Verstehen Sie, was ich meine?"

Im Herbstraum

Michael nickte.

Die Frau lächelte und wirkte plötzlich ganz ruhig und heiter, alles Fahrige schien von ihr abgefallen zu sein.

„Heute ist für Sie ein guter Zeitpunkt das loszulassen, was Sie daran hindert, Ihr volles Potential zu leben. Tief in Ihrem Inneren wissen Sie das bereits. Es ist schon auf dem Weg, in Ihr Bewusstsein zu gelangen."

Michael spürte, wie die Worte der Frau ihn berührten. Er nickte.

„Ich lade Sie nun ein, das Feuer in einem weiten Kreis zu umschreiten. Dabei haben Sie alle Zeit der Welt, alle Zeit, die Sie brauchen, sich dieses Glaubenssatzes, dieses Verhaltensmusters bewusst zu werden, welches Sie nun loslassen wollen."

Sie stand auf und auch Michael erhob sich mit ihr. Der Frau folgend, obwohl er sich albern dabei vorkam – zum Glück sah ihn keiner – umkreiste er mehrmals das Feuer.

Bald begann die Frau in einem eher tiefen Ton leise zu summen. Dieses Summen klang wie ein verjazztes Wiegenlied, wodurch die ganze Szenerie noch unwirklicher wurde. Der Schein, das Knistern des Feuers, das Summen der Frau sowie das Geräusch ihrer beider Schritte auf dem Gras, all das zusammen bewirkte, dass Michael immer tiefer in sich selbst versank.

Was war das, was er nun bereit war loszulassen?

Mit jeder Runde spürte er deutlicher, wie etwas in ihm hoch und höher emporstieg. Schließlich war es da und er wusste, was er verabschieden wollte: ‚Die Angst, ausgelacht zu werden'.

Nahezu gleichzeitig tauchten Bilder in ihm auf: Situationen aus seiner Kindheit in Kindergarten und Schule, als die anderen ihn ausgelacht hatten, ebenso später im Berufsleben, als seine Vorschläge mit Spott oder Ironie abgetan wurden. In der Folgezeit hatte er sich lange gehütet, ungewöhnliche Ideen vorzustellen.

„Ich habe gefunden, was ich loslassen möchte", sagte er zu der alten Frau.

„Möchten Sie es mir mitteilen?"

„Ja. Ich will ‚die Angst, ausgelacht zu werden' verabschieden." Er erzählte ihr, woran er sich erinnert hatte.

„Heute ist ein guter Zeitpunkt, genau dieses Verhaltensmuster loszulassen. Dies wird Ihnen nicht nur helfen Ihr Potential zu leben, sondern Ihnen auch noch auf mancherlei andere Weise gut tun."

Michael nickte. Dieses Gefühl hatte er auch.

„Alles hat seinen Nutzen und seinen Sinn, wie Sie bereits von den Herbstblättern gehört haben. Inwiefern war dieses alte Verhaltensmuster ‚Angst davor zu haben, ausgelacht zu werden', in der Vergangenheit nützlich für Sie?"

Michael überlegte. „Ich weiß es nicht. Ich kann mir nicht vorstellen, dass dies für irgendetwas gut gewesen sein sollte."

Die Frau lächelte verständnisvoll. „Häufig fällt uns zu Sachen, die wir loslassen wollen, überhaupt nichts Gutes mehr ein. Doch es ist wichtig, uns auch an die positiven Seiten dieser Dinge zu erinnern: Erst dann können wir uns mit ihnen versöhnen, sie dankbar und mit freiem Herzen ziehen lassen.

Ich bin mir sicher, dass Ihre ‚Angst, ausgelacht zu werden', zumindest eine sehr nützliche Schutzfunktion für Sie hatte. Diese Angst brachte Sie wahrscheinlich dazu, Situationen zu meiden, in denen Sie Verantwortung für Ihre Ideen und für sich selbst hätten übernehmen müssen."

„Ja, das stimmt. Und da fällt mir ein", Michael dachte an sein Vielfalts-Meeting, „in letzter Zeit wurde diese Angst bereits weniger."

„Das ist sehr gut. Das zeigt, dass Sie im Innersten dazu bereit sind, dieses Muster jetzt endgültig zu verabschieden. Nun ist es wesentlich diese Schutzfunktion zu würdigen: Zu einer bestimmten Zeit war dies das beste Verhaltensmuster, das Ihnen zur Verfügung stand. Ich bin mir außerdem sicher, dass Sie in der Vergangenheit einige Fähigkeiten erworben haben, um ein ‚Ausgelacht-werden' zu verhindern."

„Wie meinen Sie das?"

„Nun ja, ich könnte mir vorstellen, Sie haben gelernt sehr genau zu erspüren, welche Vorlieben oder Abneigungen andere Menschen haben."

„Ja, das ist richtig. Dadurch habe ich ein gutes Gespür für die Atmosphäre eines Gespräches oder einer Situation bekommen."

Beide schweigen jetzt.

Im Herbstraum

„Außerdem habe ich gelernt, eine Idee solange reifen zu lassen, bis ich sie gründlich mit Argumenten stützen kann", fügte Michael, inzwischen eifrig geworden, hinzu.

„Diese Fähigkeiten will ich im Übrigen auch zukünftig behalten!"

„Und das werden Sie auch. Gerade deshalb ist es wichtig, sich die ‚Vorteile' dieses scheinbar nur negativen Verhaltensmusters bewusst zu machen."

„Okay, dann mal los", Michael stieß hörbar die Luft aus und wischte anschließend seine vor Aufregung leicht feucht gewordenen Hände an den Seiten seiner Hose ab.

Was er hier aber auch alles erlebte!

Heute hatte er schon geerntet, gedankt, das Gefühl des All-Einsseins erfahren, sich allgemein mit dem Thema Loslassen beschäftigt und nun dies. ‚Ganz schön starker Tobak', hätte sein Großvater gesagt.

Die Frau forderte ihn freundlich auf: „Nehmen Sie sich nun etwas aus der Natur als Symbol für die ‚Angst, ausgelacht zu werden', vielleicht ein Blatt oder irgendetwas anderes Brennbares. Lassen Sie sich überraschen, was Sie finden oder was Sie finden wird."

Michael ging ein wenig umher und als sein Blick auf eine kleine weiße zarte Blume fiel, pflückte er diese und brachte sie zurück zu der alten Frau am Feuer.

„Der wichtige Moment ist gekommen", sprach sie nun mit tiefer, wohltönender Stimme.

Ihm wurde mit einem Mal feierlich zumute. Selbst die Vögel schienen aus Rücksicht auf diesen besonderen Au-

Im Herbstraum

genblick einen Moment mit Singen aufgehört zu haben und auch das Feuer schien leiser zu knistern.

„Übergeben Sie nun dem Feuer die weiße Blüte, die stellvertretend ist für Ihr Verhaltensmuster, ‚Angst davor zu haben, ausgelacht zu werden'.

Bedanken Sie sich dabei für all das Gute und Schützende, das Sie dadurch erlernt und erfahren haben."

Michael warf die Blume nahezu zärtlich in die Flammen und sah zu, wie sie qualmend verbrannte. Dabei dankte er für all das Nützliche, das dieses Verhaltensmuster ihm beschert hatte.

Für ihn selbst erstaunlich, fühlte er sich davon tief bewegt.

„Das Alte kehrt nun zur Erde zurück", hörte er wie von weither die Stimme der alten Frau, „so wie die abgefallenen Blätter der Bäume zur Erde zurückkehren und zu Humus werden, so wird auch die Asche dieses Feuers fruchtbarer Boden für neue Pflanzen und damit Nahrung für Tiere und Menschen. Es ist gut, zu wissen, dass alles, was wir selbst nicht mehr brauchen, für irgend jemand anderen von Nutzen ist.

Achten Sie jetzt auf den Rauch des Feuers, aus dem heraus Neues für Sie entstehen wird. Vielleicht werden Sie ein Bild sehen, vielleicht ein Gefühl spüren oder Worte hören.

Schauen Sie nun hin, hören Sie hin, fühlen Sie hin. Jetzt."

Michael schaute und hörte und fühlte voller Erwartung für das Neue, das sich da entwickeln würde.

„Es kam etwas, doch ich weiß nicht genau, was es bedeutet", sprach er nach einer Weile nachdenklich.

Im Herbstraum

„Was denn?"

„Souveränität und innere Autorität".

„Das ist ja wundervoll! Was verbinden Sie mit Souveränität und innerer Autorität?"

„Ruhe, Sicherheit, ein Gefühl von Beschützt-sein, in sich ruhen, wissen, wovon man spricht."

„Und wie gefällt Ihnen das?"

„Sehr gut!"

„Dann bedanken Sie sich jetzt bitte bei dem Geist des Feuers, der Ihnen das Neue geschenkt und dem Geist der Erde, der das Alte aufgenommen hat."

Michael tat dies.

In seinem Inneren spürte er nun Dankbarkeit und Freude für das Neue.

„Souveränität und Innere Autorität", wiederholte er bei sich. Sogleich breitete sich ein erhebendes Gefühl in ihm aus, das seinen Rücken stärkte, seinen Kopf klar werden und ihn tief und gleichmäßig atmen sowie wach und offen sein ließ.

Lange schwiegen Michael und auch die alte Frau.

„Was wird mit diesem neuen Gefühl für Sie alles möglich sein?", fragte sie ihn nach einer Weile.

Michael setzte sich auf die am Boden liegende Decke, dachte über die ihm gestellte Frage nach und stellte sich vor,

Im Herbstraum

welche Kreise dieses neue Gefühl von ‚Souveränität und innerer Autorität' in seinem Leben ziehen würde.

Damit ausgestattet, ging er seinen Weg, folgte seinem Herzen und tat, was er für richtig und sinnvoll erkannt hatte. Wenn tatsächlich einmal jemand über ihn lachte, nun dann sollte er eben lachen. Michael wusste jetzt: Das, was sich für ihn selbst wahr anfühlte, würde trotzdem wahr bleiben und er würde dies mit ‚innerer Autorität' vertreten.

Mit dieser Gefühlskombination würde er es wagen, Ungewöhnliches zu tun: beispielsweise seine eigene Firma aufzubauen oder etwas ganz anderes zu beginnen. Vielleicht sogar alle paar Jahre etwas Neues.

Dabei fiel ihm ein, dass er kürzlich von einer Freundin erzählt bekommen hatte, dass wiederum der Freund einer ihrer Freundinnen seine Firma verkauft, danach eine Ausbildung zum Clown absolviert hatte und nun als Krankenhausclown arbeitete! Für solche Entscheidungen brauchte man Souveränität und innere Autorität!

Was würde dieses neue Gefühl in Bezug auf Nicole bewirken?

Er fühlte, wie sich dadurch sein Vertrauen verstärkte und gleichzeitig auch sein ‚Loslassen-können'.

Ganz deutlich gewahrte er, dass es für ihn auch in Ordnung wäre, wenn sie ‚Nein' zu einer Fortsetzung der Beziehung sagen würde. Das bedeutete nicht etwa, dass ihm inzwischen weniger an einem ‚Ja' von ihr lag, er war nur gelassener, gelöster, vertrauensvoller geworden. Denn nun war er überzeugt, es würde das geschehen, was für ihn und Nicole das Beste war.

Im Herbstraum

Mit einem mal fühlte er sich sehr weise, so weise, wie er bisher geglaubt hatte, dass es nur mindestens Hundertjährige sein könnten.

„Wir müssen nicht altern, um weise zu werden", vernahm er eine Stimme, die von Ma Tu hätte stammen können, doch als er sich umsah, erblickte er niemanden.

Auch die alte Frau war verschwunden.

Sogar das Feuer war ausgegangen, nur ein wenig Glut leuchtete hier und da noch auf.

Es wurde dunkel.

Michael trat die Glut aus.

Als er sich umschaute, sah er, dass inzwischen alle Bäume ihre Blätter abgeworfen hatten. „Wir haben losgelassen", schienen sie ihm zuzuraunen, „losgelassen. Loslassen ist das ganze Geheimnis", und leiser werdend „loslassen ... loslassen ... loslassen ... loslas... ."

Michael hörte, diesmal leiser als sonst, die Stimme in seinem Ohr, als wollte sie sich der feierlichen Stimmung anpassen:

„Den Ausgang finden Sie direkt hinter Ihnen am Ende der Lichtung. Wir wünschen Ihnen erfüllende Erlebnisse durch Ihre Herbstimpulse. Auf Wiedersehen im Winterraum. Danke für Ihren Besuch."

„Danke. Herzlichen Dank", erwiderte Michael.

Dann sah er sich um, umfasste mit liebevollem Blick die Lichtung, die blätterlosen Bäume, die Asche und dankte in Gedanken der alten Frau. Schließlich breitete er mit einem Gefühl der Schlichtheit und der tiefen, ruhigen Freude, die ganz von innen kam, die Arme aus.

Nach einer Weile drehte er sich um und ging dem Ausgang zu.

Impulsfragen

Ernten

Was haben Sie geerntet? In diesem Jahr oder seit Ihrem ‚Besuch' im Frühlingsraum beziehungsweise sonst einem Zeitpunkt Ihres Lebens?

Danken und sich All-Eins-Fühlen

Wer oder was war daran beteiligt, dass Sie diese Ernte ‚einfahren' konnten?

Wie möchten Sie Ihren Dank dafür äußern?

Wo in Ihrem Körper spüren Sie das Gefühl des All-einsseins?

Was bedeutet es für Sie, dies zu fühlen?

Im Herbstraum

Wandlungsfähigkeit leben

Wo zeigen Sie in Ihrem Leben Wandlungsfähigkeit?

In welchen Situationen werden Sie künftig diese Gabe noch mehr nutzen?

Sich im Loslassen üben

Die Herbstlaubgeschichte

Was bedeutet diese Geschichte für Sie?

Wie wollen Sie die entsprechenden Impulse in Ihrem Alltag leben?

Im Herbstraum

Welches Verhaltensmuster oder welchen Glaubenssatz wollen Sie nun loslassen?

Welchen Nutzen hatte dieses Verhaltensmuster oder dieser Glaubenssatz für Sie in der Vergangenheit?

Bedanken Sie sich bitte für diesen Nutzen.

Wenn Sie dieses Verhaltensmuster oder diesen Glaubenssatz nun loslassen, was erhalten Sie stattdessen Neues?

Wie wird dieses Neue Ihr Leben angenehm verändern?

In der Zwischenzeit

In der Zwischenzeit

Noch ganz in sich gekehrt kam Michael zu Hause an.

Kaum war er da, klingelte das Telefon. Als er abnahm, hörte er Nicoles Stimme.

Er teilte ihr mit, dass er gerade erst von der Ausstellung zurückgekommen und jetzt ziemlich erschöpft sei. Daher würde er sich erst einmal eine Stunde hinlegen und sie dann zurückrufen. Ob das in Ordnung ginge? Klar ginge das. Mit den Worten „Ich freue mich darauf mit dir zu telefonieren. Ich liebe dich", legte er auf.

Erst nachher wurde ihm richtig bewusst, was er da gesagt hatte. Normalerweise hätte er nun länger darüber nachgegrübelt, ob es nun richtig war dies zu diesem Zeitpunkt zu äußern oder nicht. Heute schlief er hingegen einfach ein mit dem Gedanken „das wird schon gut sein so."
„Loslassen ...", sang es in seinem Ohr.

Nach einem harmonischen und intensiven Gespräch mit Nicole - sie sprach von ihrer Liebe zu ihm und dass sie ihre Beziehung fortsetzen beziehungsweise neu aufnehmen wollte! - saß er voller Staunen und Freude da. Er genoss es, dass sie beide nun begonnen hatten eine lebendige und erfüllende Beziehung zu leben, lebendiger als je zuvor.

Er würde das seine dazu tun, damit dies auch in Zukunft so blieb.

Einiges später nahm er sein Seasoning-Buch zur Hand und machte sich schreibend nacherinnernd die wesentlichen Anregungen des heutigen Tages deutlich:

... Herbstimpulse:

> ➢ Herbst ist die Zeit der Ernte und des Dankens.
> ➢ Ich mache mit meinen Mitarbeitern zum Abschied ein ‚Erntedankfest'. Die Kastanie ‚Frederike'.

In der Zwischenzeit

> Alles ist eins.
> Dankbarkeit dafür, dass ich auf der Welt bin und für alles, was ist.
> Herbst ist die Zeit der Wandlungsfähigkeit und der Flexibilität.
> Herbst heißt loslassen: Altes loslassen, damit Platz für Neues entsteht.
> Alte Verhaltensmuster und Glaubenssätze loslassen und damit die Entfaltung meines Potentials unterstützen.
> Souveränität und innere Autorität. Souveränität und innere Autorität!!! ...

Damit legte er zufrieden das Buch zur Seite und machte sich etwas zu essen.

Die nun folgende Woche ging gleichzeitig schnell, langsam und intensiv vorüber.

Sein Aufenthalt in Autun näherte sich dem Ende und so nahm er alles Wundervolle, von dem es nun bald Abschied zu nehmen galt, noch aufmerksamer als bisher wahr.

Er verbrachte mehrere Abende mit seinen Freunden und genoss die noch verbleibende Zeit mit ihnen in vollen Zügen.

Die ganzen Tage über fühlte er sich innerlich ruhig, gelöst und sicher. „Souveränität und innere Autorität." Diese Worte sprach er oft, mal laut, mal leise, vor sich hin oder ließ sie in seinem Inneren erklingen.

Sein neuer Gefühlszustand hatte Einfluss auf alle Lebensbereiche: Die Gespräche mit Nicole wurden liebevoller und inniger, seine geschäftlichen Treffen entspannter und effektiver. Vorgestern hatte ihm sogar ein Mitarbeiter an der Baustelle gesagt, in letzter Zeit wirke er so angenehm ausgeglichen und ruhig.

In der Zwischenzeit

Für sein ‚Erntedankfest' hatte er eingeladen und erste Vorbereitungen getroffen.

Bald stand der Winterraum ‚vor der Tür'. Einerseits erfreute ihn dies, andererseits hätte ihm etwas mehr ‚Zwischenraum' durchaus gut getan, um all die Eindrücke zu verdauen. Doch nur so hatte er Gelegenheit, alle Räume noch vor seiner Abreise zu erleben.

Morgen würde es wieder so weit sein. Er entschied aus Erfahrung früh zu Bett zu gehen.

In der Zwischenzeit

Impulsfragen

Wie haben Sie Ihre Erkenntnisse aus dem Herbstraum im Alltag umgesetzt?

Welche erfreulichen Erfahrungen haben Sie dabei gemacht?

Im Winterraum

Im Winterraum

Am Eingang nahm Michael gerne und dankbar warme Schuhe, eine Daunenjacke, einen Schal, Handschuhe, eine Mütze mit Ohrenklappen und natürlich den obligatorischen Kopfhörer entgegen.

Alsbald trat er durch die Tür mit der Aufschrift ‚Winterraum' und fand sich wieder in einer herrlich funkelnden, weißen Winterlandschaft.

Ein fast vollständig zugefrorener, von blätterlosen Laubbäumen umstandener See war zu sehen. Hier und da befanden sich kleine in der Wintersonne glitzernde Eisschollen auf der spiegelnden Eisfläche. Einige Enten schwammen quakend in den wenigen noch nicht zugefrorenen Wasserflächen.

Sich selbst mit Klarheit betrachten

Michael ging hinunter an das Ufer um einige Eisstücke loszuschlagen und sie dann über den gefrorenen See schlittern zu lassen. Er genoss das quakende Geräusch, das dabei entstand und das er bereits in seiner Kindheit staunend geliebt hatte.

Danach stand er sinnend da und betrachtete die kahlen Bäume. Hübsch anzusehen waren diese Winterbäume mit ihren ohne Blätterkleid gut sichtbaren, braun-grauen Zweigen und Ästen. Erst jetzt im Winter ließ sich deren vollendete Gliederung und Struktur erkennen.

„Der Winter zeigt uns Klarheit und Struktur", ertönte die Stimme in seinem Ohr. „Sie sind nun eingeladen sich selbst ganz nüchtern, mit Klarheit zu betrachten und Ihre eigene Struktur zu erkennen."

„Wie meinen Sie das?", fragte Michael verdutzt nach.

Im Winterraum

„Betrachten Sie sich selbst in der spiegelnden Eisfläche. Was erkennen Sie nun?"

Er starrte auf die glänzende Eisfläche und hatte das Gefühl, sich selbst so klar und deutlich und nüchtern zu betrachten, wie er dies noch nie zuvor getan hatte: Er sah einen recht gutaussehenden, schlanken Mann Anfang bis Mitte Dreißig, der sympathisch wirkte.

Er beobachtete wie dieser Mensch seine Arbeit tat, sich mit Freunden traf ... . Kurz, er nahm sich selbst so wahr, wie er bisher nur andere Menschen betrachtet hatte: mit einer gewissen Distanz. Mit dieser gewahrte er einen mitten im vollen, prallen Leben stehenden Mann. „Auf eine gewisse Weise sehe ich aus wie alle anderen", lachte er.

Gerade dies wirkte jedoch beruhigend auf ihn. Ein Satz fiel ihm ein, den er einmal gehört hatte: „the gras is always greener on the other side. Das Gras ist auf der anderen Seite immer grüner." Da war sehr viel Wahres daran! Oft hatte er das Leben der anderen für spannender, interessanter, erfolgreicher, erfüllender als sein eigenes gehalten und viel Zeit damit zugebracht, sich mit diesen zu vergleichen, um festzustellen, ob er ‚in Ordnung' war. Und nun dies! Er lachte wieder.

Diesen klaren ‚Seeblick' wollte er im Gedächtnis behalten und immer daran denken, sobald er einen See oder Winterbäume sah und auch dann, wenn er bemerkte, dass er wieder einmal am Vergleichen war.

„Gut gemacht!", lobte die Stimme. „Haben Sie Lust ein paar Schritte weiter zu gehen für einen weiteren Winterimpuls?"

Und ob er Lust hatte. Er drehte dem See den Rücken und lief weiter.

Im Winterraum

Einzigartigkeit entdecken

Der Himmel war strahlend blau, die Sonne schien, die Luft war klar und kalt. Große fächerförmige Kristalle waren im Schnee sichtbar, so dass es an manchen Stellen aussah, als ob die Erde mit einem glitzernden Fell bedeckt wäre. Der Schnee knirschte unter seinen Füßen und es war so hell, dass er die Augen zusammenkneifen musste.

Er genoss das zwar erwartete, doch auch ihn begeisternde Natur-Schauspiel sehr. Lebhaft konnte er sich vorstellen, dass die Bewohner von Autun diesen Anblick als Höhepunkt des Seasoning-Centers erlebten, denn die meisten von ihnen hatten sicher noch nie in ihrem Leben Schnee gesehen. Kurz darauf entdeckte er auch schon einige asiatische Besucher, die mit offenen Augen wie Kinder staunten, jubelten und vorsichtig nach der dicken Schneedecke fassten.

„Der Winter macht uns Einzigartigkeit bewusst", hörte er seine Kopfhörerstimme. „Sehen Sie sich den Schnee an. Er besteht aus Milliarden und Milliarden von Milliarden von Schneeflocken. Dabei weist jede einzelne von ihnen eine einzigartige Kristallstruktur auf. Jede einzelne! Es gibt keine zwei genau gleichen Schneeflocken!"

Michael bewunderte fasziniert den Schnee oder vielmehr die in der Wintersonne hell wie Diamanten funkelnden Schneekristalle. Mit bloßem Auge konnte er nicht erkennen, ob das, was er eben gehörte hatte, der Wahrheit entsprach. Doch er erinnerte sich, bereits früher darüber gelesen zu haben. Damals wie heute faszinierte ihn dieser Gedanke.

„Wo überall können Sie in Ihrem Leben Einzigartigkeit entdecken?"

Im Winterraum

Er überlegte, während er in die Hocke ging um die Schneekristalle aus der Nähe zu betrachten. „Wo überall gibt es Einzigartigkeit in meinem Leben?", fragte er sich und begann in sein Seasoning-Buch zu schreiben:

> ➢ ... Ich selbst bin einzigartig. ...

Er hielt inne und klappte sein Buch wieder zu. Wenn er es recht bedachte war überall Einzigartigkeit zu finden: Es gab keine zwei genau gleichen Menschen, keine zwei genau gleichen Tage oder auch nur zwei genau gleiche Minuten. Höchstens künstliche Gegenstände konnten identisch sein.

„Was bedeutet diese Tatsache für Sie und für Ihr Leben? Wie wollen Sie diese Erkenntnis nutzen?"

„Hm, im Grunde genommen wird so jede Sekunde, jede Minute, jeder Mensch unendlich kostbar. Doch wie wollte er diese Erkenntnis nutzen? Der Gedanke an sich war Allgemeingut. Allerdings bestand ein riesiger Unterschied zwischen ‚einen Gedanken kennen' und ‚einen Gedanken leben'!

„Genau!"

Ab sofort wollte er diesen Gedanken nicht nur denken sondern ihn auch umsetzen. Da es ihm unrealistisch erschien diesen Gedanken *immer* zu leben, entschied er, seinen ‚Kuhpausen' zukünftig ‚Einzigartigkeitspausen' hinzuzufügen: Mit Bedacht würde er in diesen ‚Pausen' wählen, mit wem und womit, er seine Zeit verbrachte. An dem Ausgesuchten würde er sich mit Sorgfalt, Achtsamkeit und Begeisterung erfreuen. Der Zugewinn an Lebensgenuss wäre dann vergleichbar mit einem für gewöhnlich schnell nebenher

Im Winterraum

sein Essen verschlingenden Menschen, der beginnt, Aussehen, Geruch und Geschmack seiner Mahlzeiten bewusst wahrzunehmen.

Er würde künftig in diesen ‚Pausen' so etwas Einfaches wie den Genuss den eine Tasse Tee bieten konnte voll und ganz auskosten. Ganz bedacht die flüssige Wärme, die seine Kehle hinunterfloss, den Geschmack, den das Getränk auf seiner Zunge hinterließ, die Berührung des warmen Porzellans an seinen Händen und Lippen, sowie den aus der Tasse aufsteigenden Duft spüren.

„Auf welche Art und Weise wollen Sie dies noch in Ihrem Leben umsetzen?"

Nun, er würde, wenn er nach Hause zurückkam, Nicole bewusster wahrnehmen. Bereits jetzt begann er seine Freundin wieder als selbstverständlich zu betrachten. Dabei war er erst vor drei Wochen zu dem Entschluss gekommen, dass er die Beziehung fortsetzen wollte und hatte damals sogar Angst davor gehabt, dass sie ihn ablehnen könnte! Das zeigte ihm deutlich, wie wichtig es war, auf die Kostbarkeiten des Alltags zu achten!

So auch die Kostbarkeit, dass er seinen Beruf liebte und gesund war. Ebenso die Wunder der Jahreszeiten, die er früher als selbstverständlich angesehen oder gar nicht einmal bemerkt hatte.

Außerdem würde er die Dankbarkeit empfinden, die er im Herbst intensiv gespürt und sich dadurch auf wundervolle Weise mit allem ‚eins' gefühlt hatte.

Im Winterraum

Sich mit Vergänglichkeit und Tod beschäftigen

Andererseits hatte dieses, ‚alles als Selbstverständlichkeit zu betrachten' auch eine wichtige Funktion: er fühlte sich dadurch sicherer. Das Gefühl von Kostbarkeit ließ bei ihm nämlich gleichzeitig den Gedanken an deren Flüchtigkeit aufkommen und von da aus war es nicht weit bis zur Angst. Wie konnte er wiederum damit umgehen lernen?

Dazu fiel ihm ein Film ein, in dem Engel in menschlicher Gestalt auf der Erde wandelten, um die Menschen in ihrem Leben zu stärken, zu unterstützen und auch dann zu begleiten, wenn sie starben.

Einer dieser Engel verliebte sich in eine Frau, die sich wiederum in ihn verliebte. Um mit ihr zusammenleben zu können, entschied sich das Himmelswesen, Mensch zu werden und damit sterblich. Nach einer ersten ‚einzigartigen' Liebesnacht verunglückte seine Geliebte.

Tage später, der Exengel war sehr traurig und deprimiert, fragt ihn sein Exengelkollege und Freund:

‚Hat es sich gelohnt?'

An die Antwort des Exengels erinnerte sich Michael noch sehr genau:

‚Ja, es hat sich gelohnt: Nur um einmal ihr Haar zu riechen oder nur wegen eines einzigen Kusses hat es sich gelohnt, die Ewigkeit zu verlassen.'

Dieser Schlusssatz hatte ihn damals sehr beeindruckt. Er hatte in ihm für eine Weile ein Gefühl von großer Bewusstheit, Achtsamkeit sowie Kostbarkeit gegenüber jeder Kleinigkeit, jeder wundervollen Kleinigkeit, dieses Lebens hinterlassen: für jede Berührung, jeden Anblick, jeden Ge-

Im Winterraum

schmack und jeden Geruch, für jeden Augenblick dieses kostbaren, vergänglichen Lebens.

„Vielleicht ist das Leben nur deshalb so großartig und kostbar, weil es irgendwann enden wird und damit vergänglich ist?", fragte er sich.

„Genau, Sie haben es erfasst!", rief die Stimme begeistert aus. Das Leben ist genauso vergänglich wie die glitzernden Schneekristalle vor Ihnen!

Jede einzelne dieser Milliarden von Schneeflocken, dieser Milliarden von Schneekristallen ist einzigartig und zugleich sterblich. Kaum scheint die Sonne oder man berührt sie mit der warmen Hand, beginnen sie, eine nach der anderen, dahinzuschmelzen. Sehen Sie hin!"

Wie auf Kommando und wahrscheinlich war es das auch, begann hier und dort der Schnee zu tauen.

Michael, der sich zuvor mit den einzelnen Schneekristallen vertraut gemacht hatte, wurde ein wenig traurig.

„Der Winter lehrt, sich mit dem Tod auseinander zu setzen."

Michael schluckte.

„Ja, Sie haben richtig gehört, sich mit dem Tod auseinander zu setzen.

Im Winter zieht sich scheinbar das Leben zurück, die Bäume sind kahl und kaum eine Blume blüht. Alles scheint tot zu sein. Bei genauerem Hinsehen kann man jedoch bemerken, dass sobald die Blätter von den Bäumen fallen, schon winzig kleine neue Blattknospen entstanden sind, die sich dann im Frühling öffnen werden.

Im Winterraum

Oder sehen Sie die Schneekristalle an: Sie vergehen, wie sie gesehen haben, nach einigen Momenten, Tagen oder Wochen des Daseins in dieser Erscheinungsform. Dann werden sie zu Wasser, schließlich zu Wasserdampf und Wolken, werden irgendwo abgeregnet oder herabgeschneit bis ein neuer Kreislauf des Hinaufs und Hinabs, des Hins und des Hers beginnt.

Daraus kann man und ebenso Sie Hoffnung schöpfen, dass auch Sie, wenn Sie einst sterben, zu neuem Leben oder einer neuen Daseinsform erwachen werden.

Dies ist der Ursprung aller Religionen: Die Antwort auf die Frage der Menschen ‚Was geschieht mit mir, wenn ich sterbe?'

Das Geschenk des Winters ist daher die Hoffnung, die sich im Frühling zu Vertrauen wandelt, im Sommer in Ausgelassenheit mündet und im Herbst schließlich zum Loslassen wird, um dann erneut zu Hoffnung zu werden und so weiter, weiter, weiter."

Die Stimme schwieg nun und auch Michael schwieg.

Lange.

Selbst hatte er sich bisher kaum mit dem Tod beschäftigt. Zwar war er auf der ein oder anderen Beerdigung gewesen, doch überhaupt, er war ja noch jung.

Wie es danach, nach dem Tod weitergehen würde? Er stellte fest, dass es Zeit für ihn war, seine eigene Antwort darauf zu finden. Seine eigene ‚Religion' zu erkennen, die, wie er nun ahnte, in jedem Menschen darauf wartete, entdeckt zu werden.

Diese Antwort würde Zeit brauchen. Zeit, um zu reifen. Zeit, die er sich auch lassen wollte.

Im Winterraum

Hoffnung war jetzt schon entstanden. Hoffnung, auch wenn er zu dem Schluss gelangen sollte, dass ein Neubeginn im Frühjahr ein Neubeginn in Form von ‚Humus' wäre. Irgendwie stimmte ihn dieser Gedanke sogar fröhlich, selber Nährboden für Blumen und Bäume zu werden. Diese Art der Vergänglichkeit würde sein Leben sogar noch kostbarer machen.

Auch wenn er nie zu einer endgültigen Entscheidung darüber gelangen sollte, konnte er den Gedanken an sein Sterben nun gelassen hinnehmen. Alleine deshalb, weil die Beschäftigung mit dem Tod, und das spürte er bereits jetzt, ihm die Angst vor dem selben nahm.

Irgendwo hatte er einmal von Menschen gehört, die jeden neuen Tag mit dem Ausspruch ‚heute ist ein guter Tag zum Sterben' zu beginnen pflegten. Damals hatte er dies für aberwitzig gehalten und als Gerücht oder zumindest merkwürdige Besonderheit abgetan. Doch nun erprobte er selbst diesen Gedanken: „Heute ist ein guter Tag zum Sterben", sagte er überlegt und aufmerksam zu sich selbst. Dabei spürte er, dass er gerne noch länger ‚hier' bleiben würde, es jedoch auch in Ordnung für ihn wäre zu gehen. Ganz deutlich und so klar wie nie zuvor empfand er gleichzeitig wie wundervoll es ist zu leben!

Ein großes Gefühl der Freiheit wuchs nun in ihm, das sich in seiner ganzen Brust ausbreitete. Verwandt mit Souveränität und innerer Autorität, welche er bereits vom Herbstraum her gut kannte und doch wieder von anderer Qualität.

„Dieses Seasoning-Center war viel mehr als eine Ausstellung, es war vergleichbar mit einem Lebenstraining", kam ihm in den Sinn.

Ein wahrhaft inneres Abenteuer, auf das er sich da eingelassen hatte! Ein überaus lohnenswertes Abenteuer!

Im Winterraum

Die innere Stille entdecken, auftanken und sich in sich selbst zurückziehen

„Gehen Sie nun bitte weiter. Der nächste Winterimpuls erwartet Sie."

Michael tat, wie ihm geheißen.
Nach kurzer Zeit entdeckte er vor sich dichten, weißen, flaumigen Schneefall!
Verdutzt sah er zurück auf die strahlend helle, glitzernde Landschaft und dann wieder vor sich auf den Schneefall. Das sah sehr eigenartig aus und brachte Michael deutlich zu Bewusstsein, dass er hier nicht in einer wirklichen Landschaft ‚draußen', sondern ‚drinnen' im Seasoning-Center war.

Immer weiter ging er hinein in den Flockenwirbel, bis er ringsum von lauter großen Schneeflocken umgeben war und kaum mehr seine Hand vor Augen sehen konnte.
Nahezu unsichtbar und ganz verzaubert stand er in dieser stillen, weiten Welt der lautlos fallenden Schneeflocken. Dankbar für die warme Kleidung, die er trug, genoss er es, sich ein wenig einschneien zu lassen.

„Der Schnee dämpft alle Geräusche", hörte er die Stimme in seinem Ohr sagen „und lehrt auf die innere Stille zu hören."

Michael hörte auf die Stille … … … … … … … … … … … …
… …
… …
… …
… … … … … und spürte wie gut diese seinen Ohren und auch seiner Seele tat.

Im Winterraum

Sehr gut.
Sehr wohl.
Sehr still.

Je mehr er die äußere Stille hören konnte, desto stiller wurde es auch in seinem Inneren.

Seine Gedanken tauchten ein in die Stille und verstummten immer mehr.

Er fühlte nun intensiver. Spürte wie Schneeflocke um Schneeflocke, die um ihn herabfiel, ihn gleichzeitig auch selbst immer tiefer und tiefer in sein eigenes Inneres sinken ließ.

Immer mehr und mehr.

Ganz tief hinein in sich selbst.

Bis er in seinem Aller-Innersten ankam, bei sich selbst, in sich selbst zuhause ankam. Auf eine bisher noch nie gekannte Weise bei sich zuhause ankam ... ...
... ...
... ...
... ...
... ... Gleichzeitig gewahrte er, dass ihm von irgendwo her Energie zufloss und er förmlich auftanken konnte. Gerne überließ er sich diesem Gefühl.

Lassen Sie sich jetzt überraschen, was aus der inneren Stille heraus entsteht!"

Er hörte fühlend, fühlte hörend, dass er aus dieser inneren Stille heraus genau wusste, was er wollte und brauchte, was für ihn stimmig war und was nicht. „So einfach ist das?!", staunte er. Dies also war der Zugang zu seinem inneren Ratgeber.

Im Winterraum

"Genau! Für viele Menschen ist das Leben so laut, schnell und komplex geworden, dass die innere Stimme davon leicht übertönt wird. Daher ist es wichtig die äußeren Aktivitäten von Zeit zu Zeit einzuschränken und unsere Energie nach innen zu wenden.
Wann möchten Sie sich zukünftig in sich selbst zurückziehen und auf ihre innere Stimme hören?"

"Das würde ich gerne beantworten, doch um denken zu können, muss ich mich aufwärmen!", rief Michael, der sich schon seit geraumer Zeit ganz durchfroren fühlte.

"Oh Verzeihung, wie unaufmerksam von uns. Natürlich. Gehen Sie etwa hundert Meter weiter, dort werden Sie unseren Pavillon entdecken. Ich verspreche Ihnen, er ist geheizt und Sie werden dort sogar etwas Heißes zu Trinken vorfinden. Rufen Sie mich einfach, sobald Sie bereit sind, fortzufahren."

Ein warmer Pavillon mit etwas Heißem zu Trinken, das klang traumhaft in seinen eiskalten Ohren! Schon wollte er loslaufen, doch es dauerte eine Weile bis dieser Entschluss auch in seinen eisigen Füssen ankam, diese sich an ihre Fähigkeit zu gehen erinnerten und er sich auch tatsächlich wieder fortbewegen konnte. Die ersten Schritte taten sehr weh, doch allmählich ließ der Schmerz nach und es blieb einzig ein Kribbeln in seinen Füssen zurück, mit dem es sich laufen ließ.

Bald entdeckte er den Pavillon. Dieser war rund und mit mehreren großen Fenstern versehen. Als er hindurch schaute, erblickte er einige bequeme Sofas und Sessel mit hellen Samtbezügen, mehrere große Zimmerpflanzen sowie drei oder vier kleine, runde Holztische, an denen hier und da Menschen saßen, die Tassen in den Händen hielten, aus denen es vielversprechend dampfte.

Im Winterraum

Er trat ein und schloss möglichst schnell wieder die Tür hinter sich, um die Kälte draußen zu lassen. Nachdem er gegrüßt hatte, steuerte er einen freien Tisch in der Ecke oder vielmehr in einer der Rundungen an. Als er dann auch noch Schal, Mütze, Handschuhe und Jacke abgelegt hatte, sank er, umfangen von der Wärme des Raumes und dem leisen Gemurmel der Gespräche der Anwesenden, erleichtert in den Sessel.

Das tat gut! Endlich Wärme!

Eine Weile saß er nur da, schloss die Augen und ließ sich aufwärmen. Dann goss er sich aus der auf dem Tisch stehenden Thermoskanne ein, sah, dass es schwarzer Tee war, gab etwas Milch hinzu, wärmte sich zuerst seine Hände an der Tasse und trank dann das herrlich aromatisch riechende Getränk

Wundervoll, auch von innen heraus warm zu werden!

Nach einigen Schlucken hatte er das Gefühl, allmählich aufzutauen.

Jetzt sah er sich in Ruhe um. Auch die anderen Anwesenden schienen froh zu sein, sich an diesen wohligen, warmen Ort zurückziehen zu können. Hier und da begegnete ihm ein Blick, den er lächelnd erwiderte. Auch diese kleinen Kontakte waren wohltuend.

Als er bei der dritten Tasse angelangt war, holte er sein Seasoning-Buch heraus und versuchte sich an die Frage zu erinnern, die ihm von der Stimme gestellt worden war.

Da fiel ihm ein, er sollte ja rufen, sobald er bereit zur Fortsetzung war. So sagte er laut, leicht wie ihm dies nun mit all seiner inneren Souveränität möglich war, „Hallo, ich bin so weit." Ein anderer Besucher, der dies gehört hatte, lächelte, nickte ihm zu, dabei fragend auf seinen Kopfhörer zeigend. Michael nickte und lächelte zurück.

Im Winterraum

„Gut, dass Sie nun aufgewärmt sind", hörte Michael in seinem Ohr. „Ich hatte Sie gefragt, wann Sie sich zukünftig in sich selbst zurückzuziehen und auf Ihre eigene innere Stimme hören möchten."

Wenn Michael es recht bedachte, hatte er dies bisher noch nie bewusst unternommen. Sicher zog er sich manchmal zurück, indem er beispielsweise einen Abend alleine verbrachte. Meist war er dann allerdings mit Lesen oder sonst irgendetwas beschäftigt.

Einen Rückzug im Sinne von ‚in sich selbst nach Hause kommen oder auf die eigene innere Stimme zu hören', das war er nicht gewöhnt. Vermutlich kamen all die Erlebnisse hier in den Seasoning-Räumen auch einer Art ‚Winter' gleich: sich aus der Außenwelt zurückzuziehen, sich Zeit für sich selbst zu nehmen, innere Entdeckungen zu machen.

Wie er schon bemerkt hatte, war dies ebenso wertvoll wie wiederholenswert. Ob er sich künftig dazu bestimmte Zeiten reservieren wollte? Und wenn ja wie viele?

Die wahre Kunst schien ihm darin zu liegen, die gesunde Mischung aus dem Offensein für die äußere Welt und dem Hineinfühlen in die innere zu finden. „Doch was ist eine gesunde Mischung?", fragte er sich.

„Sehr gut erkannt", sagte die Stimme. „Sehen Sie zur Beantwortung dieser Frage den Film, der jetzt an die gegenüberliegende Wand projiziert werden wird."

Mit dem Anlaufen des Films trat ein neuer Besucher ein, der zunächst seine Wintersachen auszog, Michael zulächelte und sich dann schnell setzte, um das Filmgeschehen zu verfolgen. Wie Michael sogleich bemerkte, handelte es sich bei diesem Gast leider nicht um Ma Tu, der ein Treffen im Winterraum angekündigt hatte. Nun ja, sicher würde er ihn noch irgendwo treffen.

Im Winterraum

Die Geschichte vom richtigen Maß

erschien auf der Leinwand und Michael sah und hörte daraufhin das Folgende:

An einem der lichten Orte der Ruhe und Besinnung, umgeben von einladender Natur, lebte schon seit langem eine Frau. Eines Tages bei einer ihrer Meditationen, und sie meditierte fast immer, spürte sie ganz deutlich, wie sich etwas in ihr klarer und klarer herauskristallisierte, ein Wunsch oder ein Auftrag. Erst nur als ein Gefühl, dann als ein diffuses Bild und schließlich in Worten hörbar und greifbar:

‚Was ist das richtige Maß an innerer Aktivität und äußerer, an Ruhe und Bewegung, an Rückzug in sich selbst und Ausdruck in die Welt, an Alleinsein und Zusammensein?'

Kostbar wie ein Diamant waren ihr diese Fragen. Trafen sie doch den Nerv dessen, was sie schon lange in ihrem Innersten schmerzhaft fühlte, wie eine Wunde, die immer wieder aufbricht.

So dankte sie sich selbst sowie der Welt für das Geschenk dieser Fragen und beendete dann ihre Meditation, um der Ersten von ihnen, die diesen Ort der Ruhe und Besinnung gegründet hatte, freudig davon zu berichten.

Sie fand dieselbe in einem hellen Raum, im hereinflutenden Sonnenlicht, auf einem Kissen sitzend vor.

Nachdem sie sich vor ihr verbeugt hatte, ließ sie sich ihr gegenüber nieder.

Bewegt und begeistert teilte sie ihr dann das Erlebte mit.

Im Winterraum

Die Erste hört ihr aufmerksam zu. „Du hast eine Frage gefunden, deren Antwort nicht nur dich selbst berührt, sondern viele von uns. Eine Frage, die die meisten von uns noch nicht einmal hätten formulieren können."

„Wie finde ich die Antwort?"

„Bitte darum und öffne dich dafür, dann wird sie zu dir kommen."

Die Frau verbeugte sich verabschiedend und ging sinnend, bedachtsam einen Fuß vor den anderen setzend zu ihrem Lieblingsplatz. Ihr warmes Tuch enger um sich ziehend, setzte sie sich auf eine der Bänke des von hohen Bäumen umgebenen Innenhofs und bewunderte zum wiederholtem Male die Laubbäume in ihrem blätterlosen Winterkleid aus Struktur und Klarheit. Einige kleine Vögel pickten eifrig zwitschernd nach den Brotkrumen, die sie für diese immer in ihrer Tasche bereithielt.

Während sie so saß und schaute, öffnete sie sich und bat die Welt um Antwort auf ihre Frage.

Eine Weile verbrachte sie so, dann wusste sie plötzlich mit großer Deutlichkeit: Wenn es Frühling wird, ist es Zeit für mich in die Welt hinauszugehen, um dort die Antwort zu finden.

Wundervoll fühlte sich diese Gewissheit an, klar wie die sichtbare Struktur der Bäume. Aus ganzem Herzen dankte sie dafür.

Etwas später teilte sie der Ersten ihren Entschluss mit, den diese bereitwillig unterstützte.

Als der Frühling anbrach, machte sie sich, mit den nötigsten Dingen leicht bepackt, auf, hinaus in die Welt.

Im Winterraum

Dort angekommen, saß sie am grünen Ufer eines stetig dahinfließenden, blaugrauen, rauschenden Flusses, genoss den angenehmen Duft der hier blühenden weißen Hyazinthen und wartete auf Antworten.
Bald kam ihr ein Mann entgegen.

Sogleich sprach sie ihn an: „Haben Sie einen Augenblick Zeit, sich zu mir zu setzen?"

Zwar sah der Mann sie verwundert an, doch er folgte ihrer Aufforderung.

„Ich beschäftige mich mit einer drängenden, dringenden, wichtigen Frage:

‚Was ist das richtige Maß an innerer Aktivität und äußerer, an Ruhe und Bewegung, an Rückzug in sich selbst und Ausdruck in die Welt, an Alleinsein und Zusammensein?'

Haben Sie eine Antwort für mich?"

Der Mann dachte eine Weile nach, dann zuckte er die Achseln und meinte, „ich bin ein Gärtner. Alles was ich dazu sagen kann, ist, dass die Pflanzen dieses Gleichgewicht besitzen. Sehen Sie zum Beispiel diesen Baum an", dabei zeigte er mit einer Bewegung seines Kinns auf eine Weide am gegenüberliegenden Ufer: „Sie sehen den Stamm und die Krone, das, was sie der Welt zeigt, doch bei einem Blick unter die Weide würden Sie feststellen, dass sie dort fest verwurzelt ist.

Dieser Baum ist im Gleichgewicht, glauben Sie mir das!", damit tippte er mit dem Zeigefinger grüßend an die Krempe seines Hutes, erhob sich und schickte sich an zu gehen.

„Danke", rief die Frau, „Sie haben mir sehr geholfen."

Im Winterraum

Der Mann winkte und lief weiter seines Weges.

Nachdem sie noch eine Weile nachdenklich am Ufer gesessen hatte, erhob sich auch die Frau.

Zügig setzte sie ihren Weg fort, bis sie am Rande einer Stadt ankam.

Aus einer Kfz-Werkstatt trat gerade ein Mann im blauem Overall aus der Tür, der sich seine ölverschmierten Hände an einem Lappen abwischte. Im Hintergrund waren Motorengeräusche zu hören. Es roch halb angenehm, halb unangenehm nach Benzin und Lack.

„Entschuldigung, darf ich Sie einen Moment stören?"

„Was kann ich für Sie tun?", fragte der Mechaniker freundlich.

„Ich beschäftige mich seit geraumer Zeit mit der Frage:

‚Was ist das richtige Maß an innerer Aktivität und äußerer, an Ruhe und Bewegung, an Rückzug in sich selbst und Ausdruck in die Welt, an Alleinsein und Zusammensein?'

Welche Antwort haben Sie dafür?"

„Kommen Sie doch mit hinein und trinken Sie einen Kaffee mit mir. Ich wollte gerade eine Pause machen, dabei überlege ich mir dann eine Antwort auf Ihre Frage."

Gerne nahm die Frau die Einladung an und folgte ihm in ein kleines verrauchtes Hinterzimmer an dessen Wänden sich die obligatorischen Pin-Up-Girl-Poster mit Land-

schaftsbildnissen abwechselten. Laute Musik ertönte aus einem Radio.

Eintretend drehte der Mann das Gerät leiser und sagte zu seinem Kollegen, der sich gerade erhob, um seine Pause zu beenden, „diese Frau bat um eine Auskunft, da habe ich sie zu einer Tasse Kaffee mit hereingenommen."

„Ja, ja, ist in Ordnung", brummte der andere und ging hinaus.

Als sie sich gesetzt hatten, schob der Mechaniker der Frau einen Becher mit Kaffee hin und zeigte einladend auf Milch und Zucker.

Dann brachte er das Gespräch zurück auf die Eingangsfrage. „Lassen Sie mich einmal nachdenken. Es scheint Ihnen wichtig mit Ihrer Frage zu sein, nicht wahr?"

„Allerdings", erwiderte die Frau. „Diese Frage beschäftigt mich seit langer Zeit." Sie erzählte ihm von dem Ort des Rückzugs, von dem aus sie aufgebrochen war.

Der Mann überlegte noch eine Weile und sprach dann: „Die Antwort, die ich Ihnen geben kann, ist die folgende: Ein Motor läuft nur solange, wie ausreichend Treibstoff zur Verfügung steht. Ist der Tank leer, steht der Motor. Reicht Ihnen das?"

„Ja, das reicht mir", lächelte die Frau, streckte die Hand aus, ergriff die Rechte des Mechanikers, drückte sie und verabschiedete sich dankend.

Kopfschüttelnd, doch freundlich sah er ihr hinterher.

Immer weiter der Straße folgend, kam sie alsbald in die Stadt hinein.

Im Winterraum

Ein Krankenhaus zog sie an und diesem Impuls nachgebend, betrat sie das Gebäude.

Drinnen herrschte ein hektisches Hin-und-Herlaufen, Türen-Öffnen-und-Schließen, begleitet vom Klang zahlreicher Stimmen und Schritte, das nach einer Weile endlich von einem ruhigeren Kommen und Gehen abgelöst wurde. Die Frau hatte sich einstweilen auf einem der Besucherstühle niedergelassen und wartete.

Worauf? Das wusste sie selbst nicht so genau. Auf irgendetwas oder irgendjemanden, der ihr Antwort auf ihre Frage geben würde.

Nach geraumer Zeit ließ sich eine Frau im weißen Kittel, aus dessen rechter Tasche ein Stethoskop heraus sah, erleichtert aufseufzend neben ihr nieder.

„Ein anstrengender Tag war das heute", sagte sie und schwieg dann.

„Wissen Sie, ich beschäftige mich mit der Frage:

‚Was ist das richtige Maß an innerer Aktivität und äußerer, an Ruhe und Bewegung, an Rückzug in sich selbst und Ausdruck in die Welt, an Alleinsein und Zusammensein?' ",

rückte die Frau mit ihrem Anliegen heraus. „Was meinen Sie dazu?"

„Das ist ja interessant, dass Sie genau das fragen! Gerade dieses Thema bewegt mich seit einiger Zeit. Sehen Sie, ich habe einen Beruf, der mich mit vielen Menschen zusammenführt und bei dem ich während dieser Kontakte immer wach und aufmerksam sein muss.

Im Winterraum

Dann will ich auch noch Zeit mit meiner Familie verbringen und brauche letztendlich auch notwendig Zeit zum Alleine sein. Zeit, in der ich nicht die Bedürfnisse anderer spüre, sondern ausschließlich meine eigenen. Notwendig deshalb, weil ich inzwischen schon festgestellt habe, dass ich krank werde, wenn ich diesem Bedürfnis nach Alleinsein nicht genügend Raum gebe. Ich übe mich gerade darin, dieses Bedürfnis rechtzeitig zu erspüren und ihm dann nachzukommen. Diesen Übergang vom Alleinsein zum Zusammensein, von Aktivität zu
Ruhe wünsche ich mir noch harmonischer und selbstverständlicher. Ähnlich wie an den Zellwänden die Moleküle selbstverständlich und automatisch hin und her diffundieren und so ein Gleichgewicht schaffen."

„Das gefällt mir sehr, was Sie da sagen, dieser Vergleich mit den Molekülen hilft mir weiter. Möchten Sie wissen, was ich bisher herausgefunden habe?"

„Natürlich, sehr gerne", erwiderte ihre Gesprächspartnerin und setzte sich etwas aufrechter, mit leicht vorgerecktem Kopf hin.

Die Frau erzählte ihr von dem Ort der Ruhe und Besinnung, von ihrem Finden der Frage, ihrem Aufbruch sowie ihren Begegnungen mit dem Gärtner und dem Mechaniker.

„Das passt genau zu meinen Überlegungen", meinte die Ärztin nachdenklich. Und nach einer Weile: „Ich muss nun los. Das war erfrischend, mit Ihnen zu sprechen."

„Mit Ihnen ebenfalls", lächelte die Frau.

Die Medizinerin ging. Nach einer Weile erhob sich auch die Frau und verließ das Krankenhaus in tiefe Gedanken versunken.

Sie lief weiter bis zu einer Brücke, die über einen Fluss führte.

Im Winterraum

Dort stützte sie die Arme auf das Geländer, das bis an ihre Brust reichte, beugte sich darüber und blickte hinab. Das blaugraugrüne Wasser bewegte sich mit stetiger Geschwindigkeit, hier und da entstand stöckchen-kreisend ein kleiner Strudel, der sich bald wieder auflöste. Das Rauschen und Tosen des Wassers übertönte beinahe den Lärm, der hinter ihr vorbeifahrenden Autos.

Nach einer Weile musste sie sich aus der unbequemen Haltung aufrichten, um wieder leichter durchatmen zu können.

Tief atmete sie ein und aus.

Dabei dachte sie an all die Meditationen, in denen sie achtsam ihrem Atem gelauscht und dabei festgestellt hatte, dass kein Atemzug dem anderen gleicht, sondern Länge und Tiefe jeweils verschieden sind. Ihr wurde bewusst, wie sehr wir Menschen mit diesem Atemrhythmus, dem Wechsel von Ein- und Ausatmung verbunden sind.

Das war auch die entscheidende Antwort auf ihre Frage, erkannte sie: Ein- und Ausatmung wechseln sich zwar kontinuierlich ab, doch die Dauer ist von Mal zu Mal verschieden und folgt einem aller-innersten, normalerweise nicht bewussten Impuls, der sich nur dann erspüren lässt, wenn man sehr achtsam darauf hört!

Auf ihre Frage übertragen bedeutete dies, leider oder vielleicht auch glücklicherweise, kein Allgemeinrezept, sondern dass es wichtig ist mit den innersten Impulsen nach innerer Aktivität und äußerer, nach Ruhe und Bewegung, nach Rückzug in sich selbst und Ausdruck in die Welt, nach Alleinsein und Zusammensein in Berührung zu sein. Es bedeutete auch, diese jeweiligen Anstöße als sinnvolle Grenzen für ein erfülltes Leben zu achten.

Im Winterraum

Als sie mit ihren Gedanken soweit gekommen war, lachte die Frau laut auf und lief dann beschwingt zu der nächsten Bushaltestation, um an den Ort zurückzukehren, an dem alles begonnen hatte und wo die Erste auf Antwort wartete.

Was sie danach tun würde?
Sie würde sehen und einfach ihrem innersten Impuls folgen.

Wieder lachte die Frau, diesmal so laut, dass sich einige Leute auf der Straße nach ihr umdrehten, was sie nur noch mehr zum Schmunzeln brachte.

Der Abspann folgte.

Michael beobachtete seinen Atem. Es dauerte eine Weile, bis er darauf achten konnte ohne gleichzeitig seinen Atemrhythmus kontrollierend zu beeinflussen. Es stimmte, stellte er dann erstaunt fest. Jeder Atemzug war anders und schien tatsächlich einem innersten Impuls zu gehorchen.

„Wenn das so ist, dann kann ich zukünftig ganz einfach aus diesem Impuls heraus leben!", schloss er aufgeregt. Da hatte er schon immer einen inneren Rhythmusgeber in sich gehabt und nichts davon gewusst! „Seltsam ist das Leben", dachte er bei sich. „Die größten Schätze sind so leicht zu finden, dass man sie erst nach langem Suchen bergen kann."

Er entschied ab sofort diese innersten Impulse in seinem Lebensstil zu berücksichtigen und damit eine *gesunde* Mischung zwischen innerer Aktivität und äußerer, Ruhe und Bewegung, Rückzug in sich selbst und Ausdruck in die Welt, Alleinsein und Zusammensein zu erreichen und so sein Leben wahrhaft reich und erfüllend werden zu lassen.

Bereits jetzt war ihm klar, dass er hierbei noch manches Neue, Wichtige, Spannende, Anregende und Aufregende entdecken würde.

Im Winterraum

Als er aufsah, begegnete er dem Blick des Besuchers, der zu Beginn des Films eingetreten war. Sie lächelten sich gegenseitig zu. Michael spürte den Impuls seinem Gegenüber eine Frage zu stellen und folgte diesem. „Darf ich Sie etwas fragen?"

„Gerne."

„Sie kamen gerade in dem Augenblick herein, als der Film begann. Wie kam das?"

„Nun, ich war gerade mit der Frage nach dem richtigen Maß an innerem Rückzug beschäftigt. Da empfahl mir die Kopfhörerstimme in diesen Pavillon zu kommen und den Film zu sehen. Dieser würde mir die Antwort liefern. Ist es das, was Sie wissen wollten?"

„Ja, danke. Ich habe mich gefragt, ob in diesem Seasoning-Center tatsächlich alles auf den einzelnen Besucher abgestimmt ist. Dies muss ein gigantisches Maß an Koordination erfordern."

„Ja, das tut es", erwiderte der andere Besucher, der nun aufstand, dabei lächelnd auf seinen Kopfhörer zeigte und „auf zu neuen Impulsen", sagte.

Freundlich verabschiedeten sie sich voneinander.

Michaels Stimme schwieg und so holte er sein Seasoning-Buch heraus. Sinnend sah er hinaus in die wundervolle Schneelandschaft. Dabei bemerkte er, wie der Sonnenschein den Schnee von den Bäumen taute. Überall da, wo Sonnenstrahlen auf die Tautropfen fielen, funkelten diese wie kleine Lichtkugeln an den Ästen. Märchenhaft mutete das an. Vorhin noch die tief verschneite im Flockenwirbel liegende Landschaft und nun dieses Leuchten!

Im Winterraum

Den Stift in der Hand begann er zu schreiben:

... Winterimpulse

- ➢ Winter ist die Zeit, sich selbst nüchtern und mit Klarheit zu betrachten.
- ➢ Winter zeigt die Einzigartigkeit, Flüchtigkeit und Kostbarkeit der Welt.
- ➢ Winter lädt ein, sich mit dem Tod zu beschäftigen.
- ➢ Die Beschäftigung mit dem Tod schafft Hoffnung und diese wiederum Vertrauen.
- ➢ Winter ist die Zeit, auf die innere Stille in mir zu hören und aufzutanken.
- ➢ Winter ist die Zeit, mich in mich selbst zurückzuziehen, innerste Gedanken und Gefühle zu entdecken und diesen Raum zu geben.
- ➢ Winter ist die Zeit, meinen innersten Impulsen nachzuspüren.
- ➢ Jeder Atemzug ist anders und jede Sekunde des Lebens auch.
- ➢ Es gibt keine Patentrezepte, nur dies: ‚es gibt keine Patentrezepte'. Jeder kann sich nur selbst inspirieren und berühren lassen.
- ➢ Ich werde in Zukunft intensiv mit den Jahreszeiten leben und mich durch deren Impulse anregen lassen. Werde bewusst säen, wachsen lassen, ernten, danken, loslassen und mich dann und wann in mich selbst zurückziehen, um dann wieder aufs Neue zu säen. Kurz ich werde ‚Seasoning' leben. Danke. ...

Befriedigt schlug er sein Buch zu und trank noch etwas Tee.

Alsbald zog er sich an und ging hinaus.

Im Winterraum

Draußen taute es immer noch. Als er genau hinhörte, nahm er das dumpfe und doch auch helle Dong-Plong des Tauwassers wahr. Hier war die Schneedecke noch dick, dort schon sehr dünn und da war bereits wieder die Erde zu sehen.

Anscheinend war er sehr lange in diesem Pavillon geblieben.

Er hatte das Gefühl eine ganze Winterzeit durchlebt zu haben.

Jetzt fühlte er sich wach und erfrischt, bereit, zu neuen Abenteuern. Auch die Natur schien ähnliches zu empfinden, denn dort sah er bereits Schneeglöckchen blühen.

„Am Ende des Winters, spürt die Natur den Impuls zu neuem Leben. Bald werden die hellen Farben des Frühlings wieder die Augen erfreuen.

Nach dem Schlaf, kommt das Erwachen. So wie wir im Schlaf träumen, bietet der Winter Zeit, uns unsere innersten Träume und Sehnsüchte bewusst zu machen, sie reifen zu lassen bis sie im Frühling bereit sind, gelebt zu werden", erklang die Stimme aus seinem Kopfhörer.

„Wir danken Ihnen für Ihren Besuch im Winterraum. Der Ausgang befindet sich direkt vor Ihnen."

Heiter trat Michael durch die Tür mit der Aufschrift ‚Ausgang'.

Impulsfragen

Sich selbst mit Klarheit betrachten

Was entdecken Sie, wenn Sie sich selbst nüchtern betrachten?

Wie wollen Sie diese Erkenntnis nutzen?

Einzigartigkeit entdecken

Wo entdecken Sie Einzigartigkeit in Ihrem Leben?

Wann und wie wollen Sie künftig diese Einzigartigkeiten bewusst genießen?

Im Winterraum

Was verändert das für Sie?

Sich mit Vergänglichkeit beschäftigen
Wie wollen Sie über den Tod denken?

Was bewirkt dieses Denken in Ihrem Leben?

Die innere Stille entdecken, auftanken und sich in sich selbst zurückziehen
Wie fühlt sich Ihre innere Stille an?

Was entdecken Sie in Ihrer inneren Stille?

Wann wollen Sie sich in Ihre innere Stille zurückziehen und auftanken?

Im Winterraum

Wie wird sich dadurch Ihr Leben verändern?

Die Geschichte vom richtigen Maß

Was bedeutet diese Geschichte für Sie?

Wie wollen Sie diese Erkenntnisse im Alltag nutzen?

Im Lebensjahreszeitenraum

Im Lebensjahreszeitenraum

Nun befand er sich in einem Flur, der vor einer Tür mit der Aufschrift ‚Lebensjahreszeitenraum' endete.

„Oh, da gibt es ja noch einen Raum! Das wusste ich gar nicht!", rief er überrascht aus.

„Dies ist noch ein ganz besonderes Ereignis. Wir wünschen Ihnen viel Freude und Anregung dabei!"

Es war ein runder Raum, in dem die Wand mit Laubbäumen zu allen Jahreszeiten bemalt war: Bäume im zartsprießenden Frühlingsgrün, im satt-grünen Sommerkleid, geschmückt mit buntem Herbstlaub und kahl im Winter. Michael drehte sich rundum und konnte so den immerwiederkehrenden Reigen der ständig aufeinanderfolgenden Jahreszeiten auf sich wirken lassen.

In diesem Raum herrschte Stille. Viele Menschen waren anwesend, die schweigend irgendein Ritual zu vollziehen schienen. Sie reckten die Arme, schüttelten ihre Körper und blickten dann wieder ganz versonnen auf ihre Füße.

„Bitte setzen Sie sich auf die an der Wand entlanglaufende Bank", hörte er seine Kopfhörerstimme. „Bald wird diese Gruppe ihren Prozess beendet haben und dann können Sie zusammen mit der nächsten beginnen."

Michael setzte sich zu den anderen Wartenden.

Schließlich löste sich die Gruppe auf und ein Mann kam auf Michael zu: Ma Tu. „Großartig, dass wir uns gefunden haben", rief er. „Wollen wir uns nach dem Feedbackraum im Seasoning-Cafe treffen?"

Im Lebensjahreszeitenraum

Michael konnte nur noch „Ja", sagen, denn aus seinem Kopfhörer erfolgte die Aufforderung, an dem nun beginnenden Prozess teilzunehmen.

Er winkte Ma Tu zu, zeigte entschuldigend auf seinen Kopfhörer und suchte sich einen Platz zwischen den anderen Menschen.

Die Qualitäten der Lebensjahreszeiten erspüren

Leise Musik ertönte in seinem Ohr und eine angenehme Frauenstimme erklang:

„Sie haben alle vier Jahreszeitenräume besucht, sich in allen diesen Räumen beschenken und inspirieren lassen. Sie kennen jetzt die Qualitäten jeder Jahreszeit.

Ich lade Sie nun ein sich vorzustellen, dass sich Ihre Lebenszeit in vier Jahreszeiten unterteilen lässt. Nehmen Sie eine Lebensspanne von hundert Jahren an, dann kommen die ersten fünfundzwanzig Jahre Ihres Lebens dem Frühjahr gleich, die nächsten fünfundzwanzig Jahre dem Sommer, die nächsten fünfundzwanzig Jahre dem Herbst und die letzten fünfundzwanzig dem Winter. Wenn Sie dieser Einteilung folgen, in welcher Lebensjahreszeit befinden Sie sich dann?"

Michael stellte fest, dass er das Ende des ersten Lebenssommerjahrzehnts erreicht hatte.

„Welche der Qualitäten dieser Jahreszeit, die Sie im jeweiligen Jahreszeitenraum kennen gelernt haben, leben Sie bereits?"

Im Lebensjahreszeitenraum

Michael rief sich die Sommerimpulse in sein Gedächtnis. ‚Vielfalt, innere und äußere', fiel ihm zuerst ein, dann, was war da noch am See gewesen? Genau: ‚einfach sein und sich gehen lassen'. Außerdem ‚Gewitter-sein' sowie ‚Hegen und Pflegen der Saat'.

„Welche dieser Sommerqualitäten, lebe ich bereits?", fragte er sich dann.

„Äußere Vielfalt auf jeden Fall: Erst das Studium, seither schon die dritte Arbeitsstelle, die Beziehung zu Nicole und den Frauen vor ihr, viele Freunde, viele Reisen, häufiges Ausgehen, kulturelle Unternehmungen und jetzt Autun. Wie steht es mit meiner Gefühlsvielfalt?" In der Vergangenheit hatte er Gefühle öfter unter den Teppich gekehrt. Zukünftig würde er alle seine Gefühle achten und so seine ‚Sommer-Lebensjahreszeit' noch erfüllter leben.

„Sein und Sein-Lassen? Doch. Hier und da schon." Künftig würde er dieses Gefühl auch dazu nutzen noch toleranter gegenüber sich selbst und anderen zu sein.

„Wachsen lassen?" Na ja, er war eher ungeduldig und neigte manchmal dazu am Gras zu zerren, damit es schneller wuchs.

„Klärendes und reinigendes Gewitter?" Früher hatte er dazu geneigt vieles in sich ‚hinein-zu-fressen'. Doch nun da er erlebt hatte wie wohltuend ‚Gewitter' waren, würde er sich diese öfter gönnen.

„Sie haben vermutlich festgestellt, dass Sie manche oder gar viele Qualitäten der entsprechenden Jahreszeit bereits leben und andere weniger. Sie wissen, Sie haben die Wahl auch diese noch mehr in Ihr Leben einzuladen und zu integrieren."

Ja, das wusste er und würde er auch tun.

Im Lebensjahreszeitenraum

Den Reigen der Jahreszeiten erfahren

"Sie haben jetzt gleich Gelegenheit, den Ablauf der Lebensjahreszeiten bewusst in ihrer Abfolge zu erleben.
Sie können sich nun vorstellen, ein Laubbaum zu sein. Und ich weiß nicht, welcher Baum Sie heute sein möchten, doch Sie wissen es ganz genau."

Die Stimme verklang und Michael sah beinahe sofort vor seinem inneren Auge eine große, alte, breite, gefurchte Eiche mit ausladender Krone auftauchen.

"Sie können jetzt in Ihren Gedanken dieser Baum sein."

Michael fühlte sich kräftig und stark.

"Sie können fühlen, wie Ihre Wurzeln in den Boden reichen, vielleicht tief nach unten, vielleicht weitverzeigt und flach unter der Erde verlaufend oder vielleicht auf ganz andere Weise."

Er spürte, wie von seinen Füßen aus Wurzeln in den Boden wuchsen. Dicke, solide, starke Wurzeln, die tief in die Erde reichten und sich dort weiter verästelten.

"Wie fühlt es sich für Sie an, derart verwurzelt zu sein?"

Gut, einfach gut.

"Sie können nun dieses Gefühl, Wurzeln zu haben, eine Weile genießen."

Michael genoss mit geschlossenen Augen und wiegte sich dabei unwillkürlich sachte hin und her.

Im Lebensjahreszeitenraum

„Stellen Sie sich nun gleich oder erst etwas später vor, dass Ihr Kopf und Ihre Arme, die Sie nun ausbreiten und nach oben strecken können, Ihre Baumkrone wären. Wie würde sich das anfühlen? Jetzt."

Er streckte die Arme aus und diese wurden zu Ästen und Zweigen mit Blättern daran. Es war, als ob er mit vielen Augen noch mehr sehen und mit vielen Ohren noch mehr hören würde.
Ganz wach fühlte er sich.
Kein Wunder, dass ihm Bäume immer so wissend und weise erschienen waren.

„Sie können nun bewusst den Rumpf und die Beine Ihres Körpers als Stamm erleben."

Michael spürte seinen Stamm, der Wurzeln und Äste verband, stark und solide.

„Wenn Sie mögen, erlauben Sie es sich jetzt, sich im Wind zu wiegen, mit dem Wind zu spielen."

So ließ er seine Äste mit dem Wind spielen, hörte dessen Säuseln und ließ sich von ihm hin und her wiegen. Dabei fühlte er sich fest verwurzelt im Boden.

„Sicher fallen Ihnen nun Situationen ein, in denen Sie dieses Gefühl gerne leben möchten."

„Immer", dachte sich Michael. Dies war die beste Ausgangsbasis, um zu wachsen und zu leben, die er sich überhaupt vorstellen konnte.

„Sie wissen, Sie können dieses Gefühl jederzeit aktivieren, wenn Sie es möchten." Die Stimme verklang ...

Im Lebensjahreszeitenraum

... und erklang nach einer Weile wieder:

„Nun können Sie als Baum nacheinander die verschiedenen Jahreszeiten erfahren. Stellen Sie sich zunächst vor, es ist Frühling."

Seine Blätter waren verschwunden, stattdessen fühlte er viele zarte Triebe aus seinen Ästen und Zweigen treiben.

„Sie können wahrnehmen, wie angenehm Sie die Frühlingsluft umgibt. Sie können sehen, was zu sehen ist und hören, was zu hören ist ... . Vielleicht fühlen Sie auch schon jetzt, wie alles in ihnen ganz wach ist und neue Knospen hinaus ins Leben senden will ... . Sie können sich Zeit lassen, dies nachzuempfinden und Ihre Knospen wachsen zu lassen."

Michael spürte dies nach und es schien ihm wundervoll. Neugierig und erwartungsvoll war ihm zu Mute.

„Bald, vielleicht schon gleich, vielleicht schon in ein paar Sekunden, stehen Sie im zartesten, lichten Frühlingsgrün."

Er fühlte sich nun aktiv und voller Tatendrang.

„Nun ist es Sommer geworden", hörte er die Frau weitersprechen. „Sie können Ihre Stärke und Kraft genießen, können sehen, hören und spüren, was um Sie herum vorgeht ... . Vielleicht tragen Sie Blüten oder Früchte ... . Sie können sich an der Fülle des Lebens erfreuen."

Michael genoss die Fülle und ließ Eicheln hervorwachsen. Ein herrliches Gefühl war dies.

Im Lebensjahreszeitenraum

„Nun können Sie spüren, vielleicht schon jetzt oder gleich, wie sich alles in Ihnen darauf vorbereitet, loszulassen .... Von der Fülle, aus der Fülle heraus, abzugeben .... Raum für die Leere, Raum für Neues zu schaffen.

Es wird kühl. Es wird Herbst. Sie können loslassen."

Michael ließ in sich die Bereitschaft zum Loslassen wachsen. Befreit seufzend und ausatmend, ließ er los.

Zunächst die reifen Eicheln. Er spürte, wie jede einzelne sich löste, angenehm wie Hautschuppen, die er nicht mehr benötigte.

Alsdann fühlte er, wie seine Blätter sich verfärbten und ihre Verbindung zu seinen Zweigen lockerer wurde bis sie schließlich schwebend hinabfielen .... Eines nach dem anderen, nach und nach.

Bald war er seines Blätterkleides ledig ... .

Er fühlte sich frei.

„Der Winter beginnt. Die Laubbäume sind in ihrer ganzen Struktur und Klarheit sichtbar .... Wach in ihrem Innersten, sich ihres Selbst bewusst, wachsam, achtsam ... ."

Michael ruhte, wachsam und achtsam in sich selbst.

„Sie können nun spüren, wie Ihnen aus Ihrem Innersten Energie zufließt, ... Sie direkt verbunden sind mit dieser Energie ... . Sie auftanken, ausruhen, Energie schöpfen können."

Er sog Energie aus seinem tiefsten Inneren und spürte, wie gleich darauf diese Kraft seinen Stamm, Äste und Zweige ausfüllte.

Im Lebensjahreszeitenraum

„Sie können nun am Ende des Winters wahrnehmen, wie sich in Ihnen das Leben neu zu regen beginnt und Sie neugierig sind auf all die neuen Abenteuer, die Sie erwarten werden."

Ja, Michael spürte es genau!

„Sie können sich dann, jetzt gleich oder bald, von Ihrem Baumkörper verabschieden und Sie wissen, immer wenn Sie es möchten, können Sie in ihn zurückkehren.

Kommen Sie dann wieder in Ihren Menschenkörper nach Hause ... .

Ich danke Ihnen für die Art und Weise, wie Sie dabei waren. Bitte bedanken Sie sich auch bei sich selbst für Ihre Bereitschaft dies zu tun."

Er bedankte sich, leicht amüsiert, bei sich selbst.

Den Ablauf der Jahreszeiten bei Projekten erkennen und achten

„Vielleicht wissen Sie schon jetzt oder gleich, dass jedes Projekt, das Sie unternehmen eine Frühlings-, Sommer-, Herbst- und Winterphase enthält:

Eine Idee entsteht, Sie planen Ihre Vorgehensweise. Das ist der Frühling.

Sie führen diese aus. Das ist der Sommer.

Sie vollenden Ihr Projekt und ernten die Früchte. Das ist der Herbst.

Im Lebensjahreszeitenraum

Sie verabschieden sich von dem Projekt, lassen Ihre Aktivität ausklingen und ruhen. Das ist der Winter.

Harmonisches Durchleben dieser einzelnen Phasen fördert, wie Sie vielleicht wissen oder aus Erfahrung erkannt haben, Ihr allgemeines Wohlbefinden.
Möglicherweise können Sie auch feststellen, dass Sie eine bestimmte Phase bisher eher bevorzugten, eine andere bisher eher vernachlässigten. Und Sie wissen ja, alles kann jederzeit verändert werden. Sie können in jedem Augenblick eine neue Entscheidung treffen. Jetzt."

Michael dachte nach. Das Beginnen und Ausführen war etwas, das er gerne noch öfter leicht und genussvoll leben wollte, ganz gleich ob es sich nun um berufliche Projekte oder Privates handelte. Das würde ihm gut tun, ihn beleben und stärken, wie er in den letzten Wochen an sich selbst erfahren hatte. Da brauchte er nur an die Vielfalts-Meetings denken.

„Vielleicht ist für Sie noch wichtig zu wissen, dass sich in jeder Jahreszeit auch Elemente des Frühlings, Sommers, Herbsts und des Winters finden lassen. Auch im Winter blüht die ein oder andere Blume, auch im Sommer stirbt der ein oder andere Baum. Vielleicht wissen Sie das schon lange oder Sie ahnen es jetzt oder, wer weiß, heute Nacht im Traum ... .

Kommen Sie nun wieder ganz hier in diesen Raum zurück. Kommen Sie wieder ganz hier an ... .
Ich wünsche Ihnen ein wundervolles reiches Leben, in dem Sie mit Genuss jede Jahreszeit erleben. Auf Wiedersehen und vielen Dank für Ihr Dabei-sein."

„Danke", sagte Michael bewegt.

Im Lebensjahreszeitenraum

Langsam öffnete er die Augen, wechselte hier einen Blick, dort ein Lächeln und setzte sich dann auf einen freien Platz auf der Bank.

Die nächste Gruppe begann, doch da dies leise vor sich ging, konnte er gut seinen eigenen Gedanken nachhängen und dem Erlebten nachspüren. Sehr eindrücklich war dies für ihn gewesen.

Die Vorstellung, das Leben in Jahreszeiten zu unterteilen, empfand er als sehr wertvoll. Sie half ihm dabei, Geduld zu haben und abzuwarten bis die Ernte seiner Aktivitäten und seines Lebens insgesamt reif sein würde.

Er schloss die Augen und ließ den Reigen der Jahreszeiten an sich vorbeiziehen. Zuerst langsam und dann immer schneller. Zunächst war dies sehr angenehm und beruhigend, doch allmählich wurde ihm dies nahezu unheimlich. Er hatte das Gefühl, dass die Zeit viel zu schnell verflog und von Jahr zu Jahr immer rascher und rascher verging: Kaum war es Frühling, kam schon wieder der Sommer und bald war der Winter da.

Wenn er es recht bedachte, floss das Leben tatsächlich sehr schnell vorbei: Kaum war er Schüler, war er schon Student und bald bereits mitten im Berufsleben. Jetzt war er über dreißig und wenn die Zeit genauso schnell weiterlief, würde er bald in Pension sein ...

Entsetzen malte sich auf seinem Gesicht.

„Ich glaube, Sie können eine Geschichte zur Beruhigung brauchen", schaltete sich seine Kopfhörerstimme ein.

Im Lebensjahreszeitenraum

„Das glaube ich auch", erwiderte Michael hoffnungsvoll.

„Hier ist sie schon. Hören Sie einfach zu."

Eine andere Stimme, männlich und angenehm tief, sprach nun:

Die Geschichte vom weisen Umgang mit Abstand und Geschwindigkeit

Es war einmal vor langer, langer Zeit oder auch erst heute, dass ein junger Mann nach dem Besuch des Lebensjahreszeitenraumes die unangenehme, ja nahezu beängstigende Vorstellung hatte, dass sein Leben in einer endlosen Abfolge von Jahreszeiten nur so an ihm vorbeiflog. Rasch sah er in seiner Phantasie seine noch verbleibende Lebenszeit so schnell dahinschwinden wie ein Eiszapfen, der in der Sonne schmilzt.

In dieser Situation bekam er folgende Geschichte zu hören. Von wem? Von einem, der es gut mit ihm meinte.

Es war einmal eine junge Frau, deren Leben gerade nicht besonders angenehm verlief. Sie hatte ihren Job gekündigt und ein neuer war noch nicht in Sicht. Ihr Liebster hatte sie verlassen und auch hier war noch kein neuer in Sicht.

Gerade als sie anfing deswegen unglücklich zu sein, begegnete sie einem Freund, der ihr dieses Geheimnis verriet:

Im Lebensjahreszeitenraum

"Immer wenn dir deine Lebenssituation zu anstrengend, öde, schwierig, traurig oder wie auch immer zu unangenehm erscheint, tue folgendes:"

Während er noch sprach, fand sich die Frau wieder in einem runden Raum, an dessen Wand Bäume nacheinander in allen jahreszeitlichen Stadien naturgetreu gemalt waren. Der Freund drückte auf einen Knopf an der Wand und sogleich drehte sich der runde Raum derart schnell um sie, dass die Jahreszeiten nur so an ihr vorbeiwirbelten.

"Immer, wenn dir deine Lebenssituation zu anstrengend, öde, schwierig, traurig oder wie auch immer zu unangenehm erscheint", wiederholte jetzt der Mann, *"stelle dir vor, die Jahreszeiten wirbelten an dir vorbei und die jetzige Lebensphase wäre nur eine kleine Episode in einem ansonsten prallen, bunten Leben."*

Die Frau folgte dieser Vorstellung und erblickte, wie in rascher Folge die verschiedenen Jahreszeiten, die sie bereits erlebt hatte und die, die noch sein würden an ihr vorbeirauschten. Die noch kommenden Jahreszeiten überwanden die momentane kritische Phase, in der sie sich ihrer Meinung nach gerade befand, genau so leicht, wie die Nadel eines Schallplattenspielers an einem kleinen Staubfussel vorbei gleiten würde.

Dies zu sehen, bewirkte in ihr ein wundervolles Gefühl von ‚es geht vorbei', von Leichtigkeit, Hoffnung und Mut. Unwillkürlich ließ sie diese Vorstellung auflachen.

"Hier ist noch ein Trick!", hörte sie ihren Freund einhaken. *"Immer dann, wenn dir deine Lebenszeit viel zu schnell zu vergehen scheint, kannst du das folgende tun:"* Der Mann drückte erneut auf den Knopf an der Wand.

Im Lebensjahreszeitenraum

Der Raum und damit zugleich die Jahreszeitenmotive um sie herum kamen zur Ruhe und es schien ihr als ob ein Bild ganz nahe an sie heranrückte, immer näher und näher bis sie das Gefühl hatte ganz nahe vor sich ein einzelnes Blatt eines Frühlingsbaumes zu sehen. Schließlich war es ihr, als ob sie selbst in diesem Blatt sei.

Wie mit Zauberei erschien es ihr mit einem mal so, als ob sie zurück in ihrer Kindheit gelandet wäre: Sie sah sich aufstehen, sich anziehen, Kakao und Brot frühstücken, hinauslaufen und mit einer Freundin spielen, an die sie schon viele Jahre lang nicht mehr gedacht hatte. Auch an die Farben dieser Wohnung und die dazugehörige Einrichtung sowie den Garten hatte sie schon so lange nicht mehr gedacht! Unglaublich!

„Immer wenn du in Zukunft einen Tag deines Lebens genau betrachtest, ihn ganz nahe heranrückst, wirst du dich wieder an vieles erinnern können. Stell dir vor, du würdest das mit jedem bisher erlebten Tag deines Lebens tun?"

„Dann hätte ich das Gefühl, schon sehr, sehr lange gelebt zu haben. Außerdem das Gefühl, dass die Zeit eher langsam verstreicht."

„Genau! Und: Du kannst ab sofort immer wählen, wann du die Zeit langsam und wann schnell verrinnend haben möchtest."

Die Frau beherzigte künftig diesen Rat und bewältigte die aktuelle Lebenskrise mit wesentlich mehr Leichtigkeit, als sie sich je hätte vorstellen können.

Der Sprecher verstummte und seine übliche Kopfhörerstimme schaltete sich wieder ein: „Auch Sie können nun die

Im Lebensjahreszeitenraum

Zeitgeschwindigkeit und den Abstand zu den Ereignissen wählen, die beziehungsweise der ihnen jeweils behagt."

Michael ließ den ewig wiederkehrenden Reigen der Jahreszeiten um ihn herum sich verlangsamen und den heutigen Tag ganz nahe rücken.

War das beruhigend!

„Danke für den Tipp!", rief er.

„Aber gerne", gab die Stimme zurück.

Nun war er in der passenden Stimmung um sich noch einige Stichworte in sein Seasoning-Buch zu schreiben:

... Impulse aus dem Lebensjahreszeitenraum:

- ➢ Ich befinde mich gerade in meinem ‚Lebenssommer'.
- ➢ Den Fähigkeiten ‚Wachsen lassen', ‚Gewittern' und ‚Gefühle achten' werde ich künftig mehr Raum in meinem Leben geben.
- ➢ Ich bin eine wundervoll starke, solide Eiche und fest verwurzelt in der Erde.
- ➢ Auch Projekte haben Ihre ‚Jahreszeiten' und ich werde mich künftig noch mehr im ‚Beginnen' sprich im ‚Frühling' üben.
- ➢ Ich selbst bestimme die Geschwindigkeit meines Lebens! ...

Optimistisch und zufrieden stand er auf.

„Wir bitten Sie nun, in den ‚Feedbackraum' zu gehen, um Ihren Codenamen und Ihre Daten, wie Sie es bevorzugen, zu löschen oder für weitere Forschungszwecke dankenswerterweise dort zu belassen. Außerdem haben Sie Gelegenheit,

Im Lebensjahreszeitenraum

Ihren persönlichen Ausstellungsbesuch zu reflektieren sowie den Veranstaltern Ihr Feedback zum Seasoning-Center zukommen zu lassen. Wir danken Ihnen schon jetzt dafür."

Michael verabschiedete sich von dem Lebensjahreszeitenraum und ging hinaus.

Im Lebensjahreszeitenraum

Impulsfragen

Die Qualitäten der Lebensjahreszeiten erspüren
In welcher Lebensjahreszeit befinden Sie sich gerade?

Welche der jeweiligen Jahreszeitqualitäten wie in den einzelnen Räumen beschrieben leben Sie bereits und welche möchten Sie noch mehr leben?

Den Reigen der Jahreszeiten erfahren
Wenn Sie ein Laubbaum sein könnten, welcher wären Sie dann heute?

Nehmen Sie sich Zeit, als Baum nacheinander alle Jahreszeiten zu erspüren: Im Frühling Knospen treiben zu lassen, im Sommer ein dichtes Laubkleid zu haben, im Herbst die Blätter abzuwerfen und im Winter sich in sich selbst zurückzuziehen und aufzutanken.

Im Lebensjahreszeitenraum

Wie fühlt sich das für Sie an? Welche Phase genießen sie besonders?

Den Ablauf der Jahreszeiten bei Projekten erkennen und achten

Welche Phasen lebten Sie bisher am meisten und welche wollen Sie zukünftig noch bewusster und intensiver beachten?

Die Geschichte vom weisen Umgang mit Abstand und Geschwindigkeit

Was bedeutet Ihnen diese Geschichte?

Wie wollen Sie diese Erkenntnisse in Ihrem Alltag umsetzen?

Im Feedbackraum

Im Feedbackraum

Sogleich befand Michael sich im ‚Feedbackraum' wie er den Schriftzügen an einer der Wände entnehmen konnte.

Hier waren, ähnlich wie im Zieleraum, eine Vielzahl von Stühlen und Tischen, die mit PCs ausgestattet waren. Alle Wände des hohen, achteckigen Raumes waren lindgrün bemalt und die Decke in einem warmen hellgelben Ton gestrichen. Luftige, gelbe Stoffbahnen hingen hier und dort lose von ihr herab, so dass ein zarter Eindruck entstand. Dieser wurde durch den zitronigen Duft, der mehreren Kerzen entströmte sowie heitern Flötenklängen die den Raum erfüllten, noch unterstrichen.

Michael setzte sich an einen der PCs.
„Bitte drücken Sie <Enter>", las er.

Er drückte <Enter> und am Bildschirm erschien:

„Wir danken Ihnen für Ihren Ausstellungsbesuch. Um diese Ausstellung noch weiter zu verbessern und ähnliche Projekte in anderen Regionen optimal gestalten zu können, bitten wir Sie nun, uns Feedback zu geben. Sind Sie bereit, dies zu tun?"

<Ja>, klickte Michael an.

„Wir danken Ihnen.

Geben Sie bitte Ihren Codenamen ein. Daraufhin werden Sie Ihre eingangs formulierten Ziele lesen und für sich selbst befinden können, inwieweit Ihnen diese Ausstellung für das Erreichen derselben von Nutzen war. Wenn Sie es möchten, können Sie sich Ihre Zieleliste auch ausdrucken lassen."

Im Feedbackraum

Michael gab ‚Milchstraße' ein. Dieser Name hatte ihm Glück gebracht, fand er.

„Hier Ihre Ziele."

Michael las seine Ziele, ließ sie sich ausdrucken und steckte diese dann zwischen die Seiten seines Seasoning-Buches.

Vieles war bereits seit Ausstellungsbeginn in Schwung gekommen. Seine Ziele waren durch die hier gemachten Erfahrungen leichter zu erreichen.

Auf dem Bildschirm erschien jetzt:

„Wie sehr haben Sie die in dieser Ausstellung gemachten Erfahrungen beim Erreichen Ihrer Ziele unterstützt? Bitte wählen Sie die entsprechende Ziffer aus: 1 = sehr, 5 = überhaupt nicht."

Michael tippte <1>.

„Wie sehr erwarten Sie, dass die in dieser Ausstellung gemachten Erfahrungen Sie auch künftig beim Erreichen Ihrer Ziele unterstützen werden? Bitte wählen Sie die entsprechende Ziffer aus: 1 = sehr, 5 = überhaupt nicht."

Michael überlegte, ob er die <1> wählen sollte, was seinem momentanen Gefühl entsprach oder vorsichtig sein und die zwei oder drei wählen sollte. Er dachte an die Geschichte von der Kräuterfrau und entschied sich für die <1>.

„Im folgenden bitten wir Sie um Feedback zu verschiedenen Aspekten unserer Ausstellung."

Im Feedbackraum

Es folgten Fragen zu Raumgestaltung, individuellem Programm, den gezeigten Filmen, Geschichten, Effekten und so weiter.

Unter weitere Bemerkungen schrieb er schließlich:
„Der Name ‚Seasoning-Center' ist treffend gewählt: Jahreszeiten sind tatsächlich die Würze des Lebens! Deren bewusstes Erleben der Jahreszeiten macht mein Leben interessanter, bunter, erfüllter. Kurz: ‚würziger'!
Ich habe hier sehr viel für mich persönlich Wertvolles erfahren. Jetzt und für mein weiteres Leben fühle ich mich tief inspiriert.
Vielen Dank."

Abschließend wurde er aufgefordert, seine Daten samt Codenamen entweder zu löschen oder für Forschungszwecke im Computer zu belassen.

Michael klickte auf <belassen> und las dann den Schlusskommentar:

„Wir danken Ihnen für Ihre Bereitschaft zu weiteren Forschungen beizutragen. Ebenso danken wir Ihnen für Ihr Feedback. Wir wünschen Ihnen weiterhin wundervolle Jahreszeiten. Mögen diese für Sie wertvolle Anregung sein. Auf Wiedersehen."

Der Bildschirm wurde dunkel.

Michael rieb sich die Augen, streckte die Arme aus und gähnte dann. Er stand auf, schob seinen Stuhl zurecht, verließ den lichten Raum und machte sich auf zu seinem Treffen mit Ma Tu im Seasoning-Café.

Im Feedbackraum

Impulsfragen

Wie lautet Ihr persönliches Feedback zum Seasoning-Center?

Ich freue mich über persönliche Rückmeldung per e-mail: *info@susannespiess.de*, Fax: 07152/9293-93, Tel: 07152/9293-92 oder Post: Susanne Spieß, Strohgäustraße 7, 71229 Leonberg.

Wie es weitergeht

Wie es weitergeht

Auf dem Weg zum Café wurde Michael ein wenig aufgeregt. Was Ma Tu, der Miterfinder dieser Ausstellung, wohl mit ihm vorhatte?

Dort eingetroffen, hielt er nach Ma Tu Ausschau. Dieser erspähte ihn zuerst und winkte ihn zu sich. Sie begrüßten sich herzlich.

Als Ma Tu ihm seinen Begleiter vorstellen wollte, gab es eine unerwartete Überraschung: Es war der Herr, dem er im Pavillon seine Frage gestellt und der ihm so freundlich Auskunft gegeben hatte. Beide lachten, verdutzt doch erfreut, sich auf diese Weise wiederzusehen. Sie erzählten Ma Tu abwechselnd, wo und wie sie sich kennengelernt hatten.

Ma Tu kommentierte dies lächelnd: „Falls ich noch etwas gebraucht hätte, was mich in meiner Idee bestätigen sollte, so wäre das dies. Ich habe gerade meinem Kollegen von der Begegnung mit Ihnen und auch unserem gemeinsamen Erlebnis auf der Löwenzahnwiese berichtet.

Er ist sich ebenfalls sicher, dass unsere Erfahrung kein Zufall sein kann. Wir glauben, dass wir mit Ihnen gemeinsam etwas sehr Wertvolles und Kostbares erschaffen können."

Michael schluckte und erwiderte dann: „Ich muss sagen, inzwischen haben mich Ihre geheimnisvollen Andeutungen sehr neugierig gemacht. Im übrigen bin auch ich seit dem Erlebnis auf der Löwenzahnwiese davon überzeugt, dass irgendein geheimnisvolles Band zwischen uns ist."

„Ja, so empfinde ich es auch. Wie kam es eigentlich, dass Sie sich damals im Zieleraum neben mich gesetzt hatten?"

„Oh, das ist ganz einfach zu erklären. Ich sah mich um, wo es noch freie Plätze gab, dann fiel mein Blick auf Sie. Sie waren mir sehr sympathisch und so habe ich den Tisch neben Ihnen gewählt."

Ma Tu lächelte. „Danke gleichfalls".

Neue Wege wahrnehmen

„Nun will ich Ihnen sagen, worum es sich bei der angekündigten Idee handelt. Als ich Sie damals im Zieleraum sah, entstand in mir der Gedanke, in die Planung unserer weiteren Seasoning-Center-Projekte solche Menschen einzubeziehen, die in der betreffenden Region nur eine zeitlang gelebt haben. Denn von außen erkennt man oft Wichtiges, das dem mit den jeweiligen Jahreszeiten Vertrauten so selbstverständlich ist, dass es ihm gar nicht mehr bewusst ist. Eines unserer nächsten Seasoning-Center wird in Ihrer europäischen Heimat entstehen und die Menschen mit den Jahreszeiten dieser asiatischen Region vertraut machen.

Ich lade Sie hiermit ein, bei der Planung dieses Centers mitzuwirken und Ihr Empfinden, Ihre Gedanken und Ideen beizusteuern. Natürlich werden wir dann arrangieren, dass Sie in einigen Monaten noch einmal hierher zurückkehren können, um noch weitere Eindrücke zu gewinnen. Hätten Sie daran Freude?"

„Ja, natürlich!", bekräftigte er. „Sehr, sehr gerne möchte ich mitarbeiten. Insbesondere deshalb, weil mir der Besuch in diesem Seasoning-Center sehr viel gegeben hat. ‚Seasoning', das bewusste und inspirierende Entdecken der Jahreszeiten, ist zu Recht zum Trend geworden.

Ich kann Ihre Hypothese nur bestätigen: Durch die Ausstellung habe ich viele Aspekte der Jahreszeiten erlebt, die mir vorher gar nicht so bewusst waren."

„Gut, dann hätten wir das geklärt."

„Natürlich muss ich dies noch mit meiner Firma besprechen und auch mit meiner Freundin."

„Das mit Ihrer Firma wird sicher zu bewerkstelligen sein, wir werden das für Sie arrangieren. Und vielleicht mag Ihre Freundin ja mitkommen?"

„Danke", sagte Michael und malte sich die erstaunten Augen seines Vorgesetzten aus, wenn er einen Anruf von Ma Tu bekommen würde. Außerdem überlegte er sich, ob Nicole wohl Lust haben würde mitzureisen.

Erkennen welches Potential jetzt gelebt werden will

„Das Ereignis auf der Löwenzahnwiese hat bei mir noch eine weitere Idee angestoßen: Ich träume seit langem davon für die Kinder und Jugendlichen dieser Welt Stätten zu entwickeln, die es ihnen ermöglichen, ihr Potential zu erkennen und zu leben. Denn Menschen, die ihr Potential leben, führen ein sinnerfülltes Leben und tragen damit zum Frieden in dieser Welt bei.

Dort auf der Wiese, als sich jeweils ein Teil unseres Potentials miteinander verband, habe ich Kinder und Jugendliche vor mir gesehen und dabei wieder an meinen Traum gedacht."

„Das ist ja interessant", warf Michael ein. „Später hatte ich nämlich eine weitere Vision oder wie immer das zu benennen ist, was ich da erlebte: Hierbei erblickte ich, wie sich auf zauberhafte Weise mein ganzes Potential aus einer wundervollen Truhe heraus in vielen Bildern entfaltete. In einer Szene habe ich mich inmitten von Kindern und Jugendlichen gesehen."

„Dies zu hören, freut mich sehr", sagte Ma Tu aufgeregt. „Meinen Kollegen habe ich zu unserem Treffen heute eingeladen, weil ich seit langem weiß, dass ihn der gleiche Traum beschäftigt."

„Wie sieht es mit Ihnen aus? Wollen Sie mit uns gemeinsam diesen Traum verwirklichen?"

Michael schwieg eine Weile und erwiderte dann:

„Ehrlich gesagt hatte ich in dieser Ausstellung zum ersten Mal diese Vorstellung. Hier habe ich mich auch zum erstem Mal mit dem Gedanken des ‚inneren Potentials' beschäftigt. Das Gefühl auf der Löwenzahnwiese, als ich mein volles Potential fühlte, war einfach", er suchte nach Worten und sagte schließlich: „herrlich!"

Wieder schwieg er eine Weile und fuhr dann fort „Gerne würde ich, auch wenn ich im Moment noch nicht weiß, wie das aussehen soll, dazu beitragen, dass Kinder und Jugendliche bereits früh in ihrem Leben sich ihres Potentials bewusst werden."

„Das klingt gut. Ich schlage vor, Sie lassen sich meine Vorschläge in Ruhe durch den Kopf gehen und wir treffen uns nächste Woche noch einmal, um Weiteres zu besprechen."

„Mittwoch reise ich zurück nach Europa, dass heißt, wir müssten uns vorab treffen."

„Nun gut, wie wäre es Dienstag?"

Wie es weitergeht

Sie vereinbarten Zeitpunkt und Ort, sprachen dann, noch gut unterhalten durch reichlich Kaffee, über dies und jenes, bis sie sich freundschaftlich voneinander verabschiedeten. Michael ging mit einem ganz und gar unwirklichen und doch wirklichen Gefühl nach Hause. Voller Freude, voller Neugier, sehr bewegt und berührt und ja – einfach begeistert.

Alles fing mit dem gewöhnlichen Besuch einer Ausstellung an, wurde zu einer ungewöhnlichen Reise durch die Jahreszeiten und endete in einem Abenteuer.

Aber was hieß hier enden? Es begann ja erst!

Fröhlich stieß er mit seinem rechten Fuß ein Steinchen, das vor ihm lag, so an, dass es weit vorausrollte. Dann lief er mit weit ausholenden Schritten, die Hände in den Hosentaschen die Straße hinunter und pfiff vor sich hin. Das musste er Nicole erzählen.

Wie es weitergeht

Impulsfragen

Neue Wege wahrnehmen

Welche neuen Wege tun sich gerade in Ihrem Leben auf?

Erkennen, welches Potential jetzt gelebt werden will

Welcher Teil Ihres Potential wird Sie auf dem neuen Weg unterstützen?

Danke

Danke

Danke an alle Menschen, die für mich und meine Arbeit wichtig waren, sei es in Form von Unterstützung und Anregung oder durch die Art und Weise wie sie in meinem Leben da gewesen sind.

Danke an all meine Teilnehmer, Zuhörer, Klienten und Kunden. Ohne sie wäre dieses Buch nicht denkbar gewesen. Sie haben mir durch ihr Dabei-Sein, Fragen und Zuhören geholfen meine Gedanken und Ideen entstehen zu lassen und zu formulieren.

Danke, den Menschen die mein Buch vorab gelesen beziehungsweise gesehen haben für ihr ehrliches Feedback, die Anregungen und die Ermutigung. Zuerst Roland Spieß, Maria Gurdan, Gaby Sengenberger und dann Achim Balke, Barbara Biller, Dr. Helga Breuninger, Jutta Büchele, Andrea Cleres, Raya Fraenkel, Ruth Frerker, Claudia Kopp, Dr. Sonja Klug, Gabriele Landgrafe, Michael Lezius, Susann Pásztor, Heidi Rebellius, Christine Schwer, Peter Zeitler.

Danke an Cornelia Jung-Reck für die Klarheit und die Schnelligkeit bei den Korrekturen.

Danke an Gabriele Landgrafe für ihre Ausdauer und ihr Engagement bei der Umsetzung des Textlayouts und der Gestaltung des Covers.

Mein besonderer Dank gilt meinem Mann, Roland Spieß, für seine große Geduld und sein Interesse mit der er meine vielfältigen Überlegungen angehört und mich beraten hat und dafür, dass er sich immer Zeit für mich genommen hat.

Danke den Schönheiten der Natur und den Jahreszeiten!

Jahreszeitenseminare
und mehr

Jahreszeitenseminare: Die Seminare zum Buch

Frühlingsseminar, Sommerseminar, Herbstseminar, Winterseminar

Ausbildungen

NLP-Practitioner-Ausbildung (DVNLP) , NLP-Master-Ausbildung (DVNLP)

Beratungen

NLP-Therapie (DGNLPt), Supervision, Coaching

Weitere Angebote

Phantasiereisen auf CD
Impulsreise, Reise ins Innere des Steins, Reise zu den inneren Schätzen und zur Kraftquelle, Reise zum Medizinrad

Impulskarten
Inspirierende Fotokarten

Geschichten
Individuell für Sie erdacht

Information und Beratung hierzu erhalten Sie gerne bei:
Susanne Spieß,
Strohgäustraße 7, 71229 Leonberg,
Tel.: 07152/9293-92, Fax.: 07152/9293-93
e-mail: *info@susannespiess.de*, *www.susannespiess.de*

www.ingramcontent.com/pod-product-compliance
Lightning Source LLC
Chambersburg PA
CBHW050142170426
43197CB00011B/1928